幼児期の発達と生活・あそび

長瀬美子

はじめに

本書は二〇一二年から『ちいさいなかま』で連載した「幼児期の発達と生活・あそび」を再構成・加筆したものです。先に出版しました『乳児期の発達と生活・あそび』の続編になります。

第一章は「三歳児の発達と生活・あそび」です。「一人前意識の三歳児」といわれるように、「もう赤ちゃんじゃない。お兄ちゃん、お姉ちゃんなんだ」という気持ちが強まってくる時期です。それに加えて、幼稚園に入園してはじめての集団生活を経験したり、保育園では今までより大きな集団になって新しいお友だちとあそんだりと、大きな変化のある年齢でもあります。それだけに、揺れやとまどいも経験します。元気いっぱいの顔の裏に繊細な気持ちをもちはじめる三歳児の世界について述べています。

第二章は「四歳児の発達と生活・あそび」です。「四歳半のふし」といわれる発達の節目を超える前後であり、ことばと認識が格段に発達する「わかる力が育つ」時期です。その力を支えに、ルールを理解して守れたり、「〜だけど○○する」と自分の気持ちに折りあいをつける力も育ってきます。三歳児、五歳児に比べて「特徴がない」と思われがちな四歳児ですが、実は非常に重要な年齢であることにも言及しています。

第三章は「五歳児の発達と生活・あそび」です。いよいよ就学を目前に控え、「幼児期のまとめ」ともいえる年齢です。保育者の期待も保護者の期待も高まる時期です。だからこそ、「こうあるべき」を押しつけることなく、五歳児なりの揺れる思いに寄りそいながら、集団的活動をとおして一人ひとりにしっかり自信をつけることが大切です。五歳児がもつすばらしさを感じながら、それを支えるおとなのかかわりの重要性にも言及しています。

第四章は、「幼児期の保育におけるおとなのかかわり」です。幼児期は、「もう三歳だから」「年長さんなんだから」「次は小学校だから」と、期待するからこその、乳児期にはなかった不安やあせりも生まれるときです。しかし、三歳児は三歳児だし、五歳児は五歳児なのです。強制をしたりせかしたりすることなく、その時期その時期の子どもの思いを感じとり、寄りそい、いっしょに考えながら発達を援助していくことが必要なのです。そのためにも、園全体で六年間の見とおしをもつことの重要性と、就学に向けて不安をもつ保護者との関係づくりにおいて大切な視点について述べています。

出版にあたり、実践を提供してくださった先生方、連載中からたくさんのご助力をいただいたちいさいなかま編集部を含め、多くの方にご援助をいただきました。この場をお借りして感謝の思いを述べさせていただきます。本当にありがとうございました。

二〇一五年五月

長瀬　美子

もくじ

第二章

四歳児の発達と生活・あそび

第三章

五歳児の発達と生活・あそび

第四章

幼児期の保育におけるおとなのかかわり

第一章

三歳児の発達と生活・あそび

第一節 三歳児とは

幼児期は、乳児期のように目に見える劇的な変化は少ないように思われますが、その一方で、考える力、ことばで伝える力、友だちとの関係などにかかわって、とても重要な節目となる時期です。はじめに、三歳児期の全体像・特徴について述べます。

「四歳半のふし」と「発達の危機」

三歳児は、誕生日によって迎える時期はズレますが、「四歳半のふし」の前後の時期として、大きな揺れを経験します。「赤ちゃんの世界」から「お兄ちゃん・お姉ちゃんの世界」へと転換し、新しい自分になろうとするふしですから、子どもにとって大きなとまどいをともないます。それまで、「お兄ちゃんだね、お姉ちゃんだね」といわれることに喜びを感じ、そうありたいと思って行動してきた子どもたちが、「四歳半のふし」の前後に、改めて「お兄ちゃん・お姉ちゃん」ということに直面し、ふさわしい姿になれているのかどうかに不安をもちはじめるのです。

三歳児は、「失敗することが平気でなくなる年齢」であるといえます。それは、友だちと自分を比べる力がいっそう育ってきているからです。友だちがやっているのを見て、「やってみたい」とは思うものの、いざとなると「できなかったらどうしよう」と不安が生まれてきます。

こうした不安は、「問題」行動として現れてくることがあります。悪いことばやきついことばをいったり、自分勝手な行動をとったりということもあります。「もう三歳なのに…」と、おとなはそのことばづかいや行動を正そうとするのですが、そのことばや行動には「こうしたい」「こうなりたい」という思いがかくれているのです。そこで、叱るだけだったり、励まそうと思って「お兄ちゃんなんだから」「お姉ちゃんだからがんばりなさい」というだけでは、ことばや行動の裏側にある思いに寄りそうことにはなりません。三歳児は、「お兄ちゃん・お姉ちゃんらしくありたい」という気持ちが強い半面、「できなかったらどうしよう」「まだ甘えていたい」気持ちももっているので、こうした三歳児期固有の揺れを理解し、「やっぱりお兄ちゃん・お姉ちゃんになるほうがいい」と思えるような、「なりたい自分」を励ますかかわりが、おとなには必要なのです。

ことばの育ち

三歳半ばを過ぎるころに、子どもたちはたくさんの質問をするようになります。質問が多くなる時期としては、一歳後半から二歳ころが代表的ですが、この時期を「第一質問期」

というのに対して、三歳半ばを過ぎるころを「第二質問期」と呼びます。「第一質問期」が「これ何?」というものの名前をたずねる質問が多いのに比べると、「第二質問期」には、「どうして?」「なんで?」という質問が多くなります。ものそのものから理由や原因などについてへと、質問の方向、つまり興味のありかが変化してくることがわかります。

質問が活発になるだけでなく、コミュニケーションの力が発達し始めます。しかしまだ、思ったことをすべて明確に話せる、というところまではいきません。話したい気持ちの高まりに比べて、ことばの育ち・話す力はまだ十分ではないからです。そのため、まだ思ったことがことばにならず、いらだったり、行動に出たりもしやすいのです。

そこで大切なのがおとなの聞き方です。じょうずに話せることではなく、話したい気持ちを大切にして、おとながゆっくり聞くことが求められています。せかさず、ゆっくりと話を聞いてくれる存在があれば、子どもは聞いてもらえる喜びと伝わったことを実感し、話したい気持ちをいっそうふくらませることができるのです。

考える力・認識の育ち

ことばの発達について、「第二質問期」はものそのものから理由や原因への質問が増えてくることを述べました。このことは、子どもたちのなかに「知りたい」気持ちが強くなってきたことを表しています。ただし、知的好奇心がめばえ、「知りたい」気持ちが高まっているからといって、急いで知識や概念、正しい答えを教えることが必要なのではありません。それは就学後の学びの世界で十分に経験することです。

三歳児期は、「なんでかな？」「どうなっているのかな？」と思うこと自体が大切です。子どもから「どうして～なの？」とたずねられたときに、「正しい答えを教えなくては」と考える必要はありません。「よく見てたね」「ふしぎだなって思ったんだね」などと子どもの気づきに共感し、「なんでかな？」「どうなっているのかな？」といっしょに考える姿勢が求められます。

適当にあしらわれたり、「まだ知らなくてもいいよ」といわれたりすると、子どもたちは疑問をもったり、ふしぎだなと思ったりすることは不必要な価値のないことと思ったり、聞いてはいけないと思ったりします。疑問をもつこと、ふしぎだなと思うことは、幼児期の知的発達にとって、そして、就学以降の学びにとって、とても重要なことです。だからこそ、疑問に対して「科学的に、正確に答えなければ」と思うよりも、いっしょに考えたり、ふしぎがったりする姿勢で、接していきたいものです。

本格的なごっこあそびへ

三歳児は、基本的におもしろいことが大好きです。知的好奇心が高まり、周囲のいろいろなものに関心をもちます。そうした好奇心もいかして、一～二歳児で楽しんできた「つもり」や「みたて」をさらに発展させて、本格的なごっこあそびを楽しむ年齢になります。

三歳児のごっこあそびが豊かに展開されるには、楽しさの共有が欠かせません。それは生活場面で実際に起こった経験の共有である場合もあるし、虚構場面（絵本やお話）の共有の場合もあります。いずれの場合でも「楽しかったぁー」「こわかったぁー」「びっくりしたぁー」といった感情の共有が、ごっこあそびにつながるのです。

近年、生活様式の多様化のなかで、みんなで共有できる経験がとても少なくなっています。ままごとは、作ったり食べたりという食事の場面が定番でしたが、食事の光景が家庭によってずいぶん異なる状況が進行して、みんなでイメージを共有してあそぶことが少しずつむずかしくなってきました。ほかにも、「行ってきます」「ただいま」といった朝夕の場面、子どもをあやす場面などがかつてはよく見られましたが、就労形態の多様化、少子化などで、こうした場面も見られにくくなりました。

だからこそ、集団保育の場での感情の共有とそこから始まるごっこあそびは、いっそう貴重なものになっているといえます。子どもたちが経験を共有できるようなさまざまな機会の提供・保障が、ますます重要になってきているのです。

楽しさを共有しながら関係をつくる

先に述べたごっこあそびでも、経験の共有の重要性について述べましたが、このことは、あそびの発展にとどまらず、子ども同士の関係にも大きくかかわっています。三歳児では、ごっこあそびを中心に、簡単なルールのあるあそびもできるようになります。こうしたあそびのなかで、経験やイメージを共有して楽しくあそぶことが、子ども同士を結びつけ、関係を生みだすのです。

楽しさを共有して関係がつくられていくすばらしさをもつ反面、三歳児は他者とのかかわりでさまざまな「問題」が生じることもあります。それは「集団に入れない」「勝手な行動でトラブルになる」といった形で現れます。どの子どもも「みんなとあそびたい」という気持ちはもっているのですが、イメージを共有しきれなかったり、思いをことばで伝えきれなかったりするため、「問題」と思われる行動につながりやすいのです。「失敗することが平気ではなくなる」三歳児ですから、二歳児までとは違ってプライドもあります。聞くことが恥ずかしかったり、思いどおりにできなかったりすると、「暴言をいう」「勝手に抜ける」といった表現をしてしまうのです。

こうした行動の裏側にある「いっしょにあそびたい」という思いを受けとめていくのは、頭ではわかっていても簡単なことではありません。ついつい「じゃまばかりして」「自分勝手な行動をとる」という面ばかりを見てしまいがちですが、四歳児で自己コントロールの力を獲得していく土台となる時期なので、「行動できる」ことの前の「〜したいと思っている」気持ちをくみとって、少しずつでも「いっしょにして楽しかった！」「またしたい！」と思える経験を増やしていくことが大切なのです。

第二節　基本的生活

「一人前意識」が強く、自分でやってみようとする反面、まだまだ甘えたい気持ちも強い三歳児は、生活リズムや習慣を確立するうえで、非常に重要な時期でもあります。食事、排泄、片づけ、着脱などにおいて、三歳児の「なんでも自分でやりたい」気持ちを大切にしながら、どのように生活の流れを確立していくかについて考えます。

操作を支える手指の発達
――「〜してから○○する」から「〜しながら○○する」へ

三歳児が自分のことを自分の力でやりとげられるためには二つの育ちが必要です。一つは、手や指を動かしたり、使う力が飛躍的に発達してくることです。いったん丸めた粘土を平らにのばしたり、折り紙を折ってからはさみで切るなど、「〜してから○○する」という一連の流れを自分の力でできるようになり、次の「〜しながら○○する」という活動に進んでいきます。

指を独立して動かせるようになったり、両手でそれぞれ別のことをしながら、それを調和・協応させせながら操作できるようになるのもこの時期です。それはたとえば、利き手ではさみをもち、反対の手で紙をもってそれをぐるっと切る、といった、両手を一つの目的のために相補って使うことができるようになるということをさしています。

こうした力は、食事で道具を使う、着脱でボタンを留めるといった生活面においてはもちろん、楽しいあそびにもつながるものです。指や手でいろいろな形をつくって動かすことができるようになるので、指あそび・手あそびがいっそう楽しくなってくるのです。

とはいっても、まだまだ力の加減ができないのが三歳児です。力の入れ方がわからず、力を入れすぎてやわらかいものをつぶしてしまったり、逆に力がうまく入らないといったこともたくさんあります。そのような場合には「できない～」と泣いてしまったり、「やって～」とおとなに甘えたりということもあります。おとなは、子どもが失敗も経験しながら自分の手指で何かをする・できることの楽しさ・喜びをもつことができるように、自分でやってみようとしたことを認めながら、「～するとできるよ」などと伝えていくことが大切になります。このことは後でも述べます。

自分のことがわかり、自己決定ができるようになる——生活の主体として育つ

土台の二つめは、自分のことがわかり、自己決定ができるようになるということです。

この育ちは特に食事のなかで見ることができます。二歳児ころから、身体がしっかりしてきて活動量も増えるので、食事の量も多くなります。三歳児になると基礎代謝も落ち着いてくるので、食事の量も落ち着き、「自分にふさわしい量」が少しずつわかってきます。

また、自分で食べる順番を決めようとする姿も見られます。どうしても嫌いなものが後回しになってしまい、ますます食べにくくなるので、おとなは「ご飯、おかず、お汁を順番で食べようね」と声をかけるのですが、自分で決めた順番にこだわり、変えられない姿も見られます。

そのようなときおとなは、「~しなさい」と叱ってしまいがちですが、自分なりにこうしたいという思いが生まれてきていることは大切にしたいものです。そのうえで、「〇〇ちゃんは~したいんだね」と自分で決めようとすることを認めながら、他のものや苦手なものにも目が向き、挑戦できるようにうながすことが大切になります。

以上のように、手指の操作能力が発達し、自分のことを自分で決められるようになってきた三歳児が、必要な技術を獲得し、さらに生活の主体として育っていくためには、毎日の生活のあり方が大切になります。一人ひとりの生活リズムと生活習慣を確立することに向けて、大切にしたい生活について述べます。

友だちを感じる楽しい生活――子ども同士をつなぐこと

第一にあげたいのは、「みんなといっしょが楽しい」と思える生活です。三歳児からはクラスの規模が大きくなり、新しいお友だちも入ってきたりします。友だちに対する関心も高くなっているので、生活のちょっとした場面で、教えてもらったり、いっしょにやってみたりなど、少しずつかかわりが生まれてきます。とはいっても、友だちが教えてあげようとすると「わかってる！」「いわないで！」などと拒否したり、反発するということも多いのですが、それは友だちを拒否しているわけではないのです。「自分でしたい」という思いが強いぶん、教えてもらってうれしいのに、素直に聞き入れられないのです。

「友だちも気になる」「自分でしたい」という二つの気持ちを理解したうえで、子ども同士をつなぐのはおとなの大切な役割です。「○○ちゃんは自分でしたいっていってるよ」「見ててあげようね」など、気持ちも代弁しながら、いっしょにすると楽しいと感じられる経験を積み重ねていくことが必要なのです。

見とおしがもてる生活――「三歳だからできるはず」ではなく

第二に大切なのは、新しい環境のなかで、子どもに生活の見とおしをしっかりもたせていくことです。三歳児クラスになると担任の数が減り、保育室がそれまでとは別の場所（別の階、離れた場所など）に変わることも多いかと思います。保育者は、「もう三歳だから」とか「もう保育園には慣れているから」と思いがちなので、「どうしたらいいの？」「先生やって～」という姿に出あって「できているはずなのに」と驚くことがあります。

保育園生活に慣れている三歳児にとっても、生活環境が変わることは不安をもたらします。その不安が「自分でやる」という気持ちを上回ってしまうと、活動に対して消極的になったり、自分でできるのに保育者に頼ってしまったりということが起こります。

そこで、年度当初は特に「わかるはず」「できるはず」と考えずに、新しい環境に慣れ、生活に見とおしがもてるようにするということを、大切にする必要があります。どこに何があるか、どのように使ったらいいのか、守らなければならないルールや約束は何か、次は何をしたらいいのかなどを、みんなにていねいに、繰りかえし知らせていきます。

何をどうしたらいいかがわかると、三歳児の子どもたちは自分でできる力をもっているので、自分から進んでやってみようとします。自分で考えて行動できる子どもに育てていくうえで、そのもととなる「見とおし」や「わかること」を、三歳児では大切にしなければならないのです。

具体的な方法を知らせる――見とおしやイメージをもたせる

最後に、気持ちは大切にしながら、実際に「できた」という事実をつくり出すために大切なこととして、「具体的な方法を知らせる」というおとなのかかわりがあげられます。「自分でできる」「やってみよう」という気持ちとはうらはらに、やってみたらできない、やろうとしたらわからないということの多いのが三歳児です。「自分でしたかったたんだね」「ちょっとわからなくなったんだね」と気持ちを認め、受けとめていくことが大切なのはもちろんですが、それだけに終わらずに、「こうしたらできるよ」ということを知らせていくことが必要です。

四、五歳児になれば、「どうしたらいいか考えてごらん」「みんなで相談してごらん」と子どもに返していくことが大切ですが、それはある程度の経験から考える力がついているからこそ有効なのです。同じことを三歳児に求めることはできませんし、その時期ではないと考えます。それよりも、具体的な方法について、ときには実際にやって見せながら知らせていき、「こうやればいいんだ」という見とおしやイメージをもたせていくことのほうが必要な時期です。それは決して「教えこむ」という意味ではなく、自分でやってみるための方法を知らせていくということなのです。

「こうしたらできるよ」「ここを少しこんなふうにやってみたら」と知らせ、できたときに「それでいいんだよ」と伝えていくことで、子どもは安心して取りくみ、やったことを確認することができます。「○○ちゃんがやってるのを見てごらん」と知らせることも多いですが、そのときでも、見とおしやイメージがもちやすいように、子どもによっては「○○ちゃん、こんなふうにやってたね」など、具体的な方法についての説明を加えることも必要かもしれません。

自分でできるようになってほしいから子どもにまかせるというのではなく、できるようになるために必要な見とおしとイメージをつくることが、三歳児においては大切だといえるでしょう。

第三節 認識・イメージ・ことば

三歳半ばを過ぎるころから、子どもたちがたくさんの質問をするようになること、もののしくみや原因に関心をもつようになることは述べました。身近なものを中心に、いろいろなことに興味をもち、「なぜ?」「どうして?」とたずねる三歳児の姿からは、「いろいろなことを知りたい」「もっとかしこくなりたい」という気持ちや意欲が強く感じられます。三歳児の思考のしかた、発想のしかたには、幼児期固有の特徴が強く表れています。乳児期とも児童期とも違う、幼児期らしい知的発達の特徴を三歳児の姿から考えてみます。

行動的思考――手や身体を使って考える経験を

はじめに取りあげるのは「行動のなかでの思考」です。幼児は児童期以降のように論理的に思考して問題を解決することはまだ十分にはできませんが、「論理的」とは異なる方法で問題を解決する力をもっています。それが「行動のなかでの思考」を用いた解決です。幼児には、やってみる前に最も合理的と思われる方法を考えだすことはむずかしいのですが、実際にやってみるなかで、「〜したらできるかも」「〜やってみよう」と考えることができるのです。

たとえば、Ａ・Ｂ二つの袋のどちらにたくさんの玉が入っているかを判断するとき、児童期以降ならそれぞれ数を数え、数を比べて多いか少ないかを判断しますが、数字を知らない幼児でも、一対一対応をさせてみてどちらが多いかは十分にわかります。つまり、数字を知らないから多い少ないがわからない、考えることができないということはなく、「数える」のとは別の方法を使って考えることができる時期であるということなのです。

だからこそ、行動をともなわない形で「ちゃんと考えなさい」といっても、それは幼児期の特性にはあっていないのです。うまくいったり間違えたり、成功したり失敗したりという経験が、幼児に考えようとする意欲・姿勢と、考える力を育てます。できるだけ効率的に答えを出させるのではなく、自分の手や身体を使ってやってみたり、試してみるなかで考える機会や経験を保障することが、この時期の思考の発達には不可欠なのです。

イメージ的思考——イメージは一人ひとり違う

次に取りあげるのは「イメージ的思考」と呼ばれるものです。子どもは、自身の経験に基づくさまざまなイメージをもっていますが、そのイメージが思考に強い影響をもっているので、思考がイメージ的なのです。イメージ的思考は次のような特徴をもっています。

第一に、それがきわめて個人的性質が強いということです。イメージが各自の個人的な経験に基づくものであることから、子どもの思考は一人ひとり違う個性的なものなのです。同じ雲を見ても、動物園で白くまを見た子どもは「白くまみたい」と思うでしょうし、見たことのない子どもは「えー、違うよ」と思うかもしれません。経験に基づくイメージから来ているので、どちらが正解ということのない対立です。もちろん一つに決める必要はありません。「○○ちゃんには白くまに見えたんだね。白くま見たことあるの？」「△△ちゃんには何に見える？」と子どものイメージを受けとめ、そのイメージがいっそうふくらむようにやりとりをすることが大切なのです。

第二にあげられるのは、現実や事実とは必ずしも一致しないということです。科学的にいえば、間違いも多く含んでいます。イメージ的思考という点からみると、子どもにとって「大きく見えた」ものは「大きい」ものなのです。現実にはそれほど大きくないものでも、子どもの印象においてとても大きかったとすれば、それは「大きいもの」として認知されます。汗を流し、力をこめて掘ったさつまいもは、実物よりもずっと大きくて重いものとして認知されるのです。この場合も、現実とは違うからといって否定したり、修正したりする必要はありません。子どもの目にどのように映り、子どもの腕にどのように重みが感じられたか、そのときどんな気持ちだったかを大切にし、共感することがおとなの大切な役割だと考えます。

第三にあげられるのは、子どもは一つの経験的知識を他にもあてはめようとするということです。「前に〜だったから、今回も〜」というように一般化する傾向があるのです。もちろん、あてはまらないことも多くあるので、そのつど「あれ？」「なんでだろう？」と思うのですが、そのときにも「〜だからだよ」など、知っていることで理由づけたりもします。まだ個別と一般の十分な区別がついていないことからくるので、未熟な思考ともいえます。しかし、未熟ととらえるよりも、知っていること・経験したことをあてはめて考えようとしている姿として大切にしたいものです。

「象徴機能」「代表機能」が育ち、「みたて」「つもり」が豊かになる

何かを何かにみたててあそぶ姿は決して三歳児固有のものではありません。もっと低年齢のときから、子どもは何かをみたてたり、つもりになったりしてあそびます。ここで取りあげたいのは、三歳児で知的な発達が顕著になっていくことで、みたてやつもりの世界がいっそう豊かになっていくということです。

「象徴機能」とは、ここにないものを別のものによって表現する働きのことです。本物のおにぎりを泥のだんごで表現したり、お金を折り紙で表現したりすることです。泥のだんごをおにぎりにみたてることができるのは、おにぎりのイメージを泥のだんごに重ねることができるからです。たくさんの相違点を捨象して、似ているところ、共通しているところだけを抽出することができるからこそ、みたては成立するのです。子どもは意識的には行っていませんが、「比較」という重要な思考方法を駆使しているのです。

また「代表機能」とは、実物の忠実な写真的再現ではなく、最も特徴的な部分を抽出し、強調して表現する機能です。子どもたちは動物のゾウを長い鼻で表現し、ウサギは長い耳で表現します。これは、子どもが、実物の最も特徴的な部分を認識することができ、

そのイメージをもとに表現できるようになっていることを表しています。

こうしてみると、なにげなくやっているように見える子どもの行動の内面では、活発な思考が生まれ、育っていることがわかります。文字や数字を用いての小学校以上の学習とは違いますが、子どもたちはたくさんのことを学び、知的に発達していくのです。

「知的発達をうながす」には
——幼児期固有の思考方法や発想の保障を

ここまで述べてきたように、三歳児期は知的発達の活発な時期です。知的発達において非常に重要な時期だと思うと、おとなはつい、「もっといろいろなことができるようにしたい」「いろいろなことをさせなければ」「この時期を逃してはいけない」と欲やあせりが出てくるものです。しかし、知的発達の活発な時期ではあっても、小学生のような文字や数を用いた、あるいは抽象的な学習に適した時期なのではありません。

筆者自身は、「かしこい子ども」を育てることは大切なことだと思っています。それは、テストで高い点数がとれること、文字が書ける、数字がいえる、計算ができる、むずかしいことをたくさん知っている、ということではありません。それより大切なのは、「身近なものに興味をもつ」「ふしぎだな、どうしてかなと思う」「疑問について、たずねたり、調べてみようとする」ことだと考えます。

ここまで述べてきたこととあわせていえば、生活やあそびのなかで、幼児期固有の思考方法や発想のしかたが発揮できるような機会を十分に保障することが、真に知的発達をうながすことなのだと考えます。幼児にとって興味がもてる対象や「おもしろいな」「ふしぎだな」と思える事象と出あわせ、実際に行動しながら考える機会を十分に保障して、その発想や発見をいっしょに喜び、共感することが重要なのです。

生活とあそびをとおして豊かに育つことば——「どうして?」「なぜ?」の第二質問期

次に、生活世界が広がり、あそびが豊かになるなかで、三歳児のことばがどのように育っていくのかについて考えます。

三歳児は、一歳児と並んで、ことばの発達が著しい時期です。「ことばが育つ」というのは、単に量的な拡大、つまり語彙数が増えたり、長く話せるようになることだけをさすわけではありません。各時期によって発達の姿は異なり、特徴があります。一歳児と比較しながら、三歳児のことばの発達について考えてみたいと思います。

一歳児では、一つのことばのなかに思いがいっぱい込められている「一語文」から「ブーブー　イタ」「コレ　ヨンデ」といった「二語文」へ、といった文法的な発達が顕著に見られます。それに対して三歳児の時期には、たくさんのことばをおぼえ、活発に話すようになるだけでなく、自分の思いを伝えたり、表現したりする手段としてことばを使うようになるという点が特徴です。それまでは、泣いたり、怒ったり、かみついたりという形で表現されてきた自己主張が、ことばによって行われるようになるのです。

質問という点でも一歳児と三歳児は大きく違います。「第一質問期」と呼ばれるおおむね二歳前後の時期には、「コレ　ナーニ?」といった名前をたずねる質問が多く見られます。それに対して「第二質問期」になると、「ナゼ?」「ドーシテ　～ナノ?」「イツ?」「ドコデ?」などといった理由、時間や場所をたずねる質問が増えます。だいたい二歳半を過ぎるころから始まり、三歳児代で非常に活発になります。これは、三歳児がモノ・実物だけでなく、しくみや経過に関心をもち始めたことを表しています。このことは四歳～五歳児での「自分で考えようとする」「わからないことを調べてみようとする」姿につながる重要なものだといえます。

なぜ、「悪いことば」を使いたがる?

三歳児は、子ども同士の関係が広がったり、自分より年長のお兄ちゃん・お姉ちゃんとかかわるようになり、おとなが眉をしかめるような「悪いことば」を使いたがる姿も出てきます。おとなが「そんなことをいってはダメ!」と注意をしたり、やめさせようとするとわざと余計にいったりするので、保育者でも保護者でも腹が立った経験をもっていることと思います。「ずっと乱暴なことばづかいのままだったらどうしよう」という心配もあって、どうしても、おとなは悪いことばや乱暴なことばに対して、制止や禁止をしたくなります。

なぜ、三歳児の子どもたちは「悪いことば」「汚いことば」「乱暴なことば」を使いたがるのでしょうか?　一つは、相手の反応がおもしろいからです。自分がいったことで、相手が反応してくれるのを楽しんでいるのです。「悪いことば」「汚いことば」「乱暴なことば」をいうと、おとなは嫌な顔をしたり、怒ったりするので、その反応がおもしろくて、注意されればされるほどいってしまうことがあります。子ども同士だと、その「悪いことば」「乱暴なことば」でみんなが笑ってくれるのがおもしろいのでしょう。もう一つは音やリズムが楽しいから使うのでしょう。

そのことばを日常的なものにしてしまうのはよくないことですが、まだ悪意や傷つける目的で使っているものではないので、あまり神経質になりすぎるのはよくないと考えます。そうしたことばに目くじらを立てすぎずに、乱暴なことばや悪いことばよりも、楽しいことばややさしいことばのほうが心地がよいということを知らせ、実感させながら、悪いことばをおもしろがっていうことをやめられるようにかかわっていきましょう。

聞いてもらうことでことばも育つ

以上のように、「悪いことば」や「汚いことば」も含めながら、三歳児のことばは発達していきますが、子どものことばが著しく発達する背後には、生活世界の広がりがあります。三歳児になると、幼稚園へ就園したり、保育園の大きなクラスに進級したりと生活環境が大きく変化します。クラスの子どもの数も多くなり、身体もしっかりしてくることから、活動範囲が広がり、子どもたちのまわりには興味深いものがたくさん現れてきます。また、あそびなどの活動もダイナミックなものになります。知的好奇心も高まるので、毎日がワクワクドキドキすることの連続です。こうした毎日のなかで、子どもたちはたくさんの経験をことばにして話すようになります。

三歳児になると、子どもたちは家に帰って、「キョウ　～シタ」と保育園や幼稚園であったことを話すようになります。その中身はうれしかったこと、楽しかったことが中心ですが、ときには、くやしかったこと、悲しかったことも混ざるようになります。これは、家庭とは違う環境のなかで、保育者や子どもたちとかかわりながら自分の世界をつくり始めたことの証です。内容によっては心配になることもありますが、まずはゆっくりと聞いてあげて、共感してあげることが大切です。それによって気持ちも安定するし、聞いてもらえることで、ことばも育っていくのです。

ことばをとおして他者を知っていく——保育者の仲立ちが大切

三歳児は自分の思いをしっかりもつようになり、集団のなかで自我を主張するようになります。そのような時期だからこそ、ことばによってやりとりをすることの楽しさを十分感じさせながら、ことばをとおして他者を知っていくことを大切にします。

ことばやりとりをとおして他者を知っていくために大切なこととしてまずあげられるのは、いっしょにして楽しいと思えるあそびがあることです。一人ひとりが思いを出しあいながら、イメージを共有し、「楽しかったね」と思えるあそびを十分に経験させます。三歳児の時期は、物語・虚構の世界を楽しむ力が育ってくるので、大好きな絵本の世界で、みんなでドキドキしたり、ほっとしたりする経験をしながら、友だちと虚構の世界を共有する楽しさを豊かに広げていきましょう。

次にあげたいのは、自己主張を十分にさせるということです。共有世界を楽しめるようになる一方、まだ自分の思いをことばで十分伝えられなかったり、相手の思いを十分に受けとれなかったりするため、衝突も多くなります。ここで衝突を避け、「なかよくあそぶ」ことを一元的に求めてしまうと、自分の思いをことばで表現する力が育ちません。確かに衝突やトラブルは保育において大変なことですし、できれば避けたいのが本音ですが、ことばをとおして自分の思いを表現し、他者の思いを知っていくには、十分に自己主張し、それを受けとめてもらう経験が不可欠なので、不十分さを含んだ自己主張を大切にします。

しかし、自己主張をさせるだけでは、他者の思いを知っていくことができません。その際に大切なのが、思いと思いをつなぐ保育者の仲立ちです。いっしょに楽しくあそぶなかで出てくるそれぞれの主張を受けとめ、ときには代弁しながら、他児へとつないでいく役割が保育者には求められます。一人ひとりの自己主張は自分に都合のいいものであったり、不十分にしか伝えられていないものだったりしますが、まずは保育者がその子どもの話をしっかり聞き、それに共感することが必要です。そのうえで、互いの思いが理解しあえるように、その子どもの思いを他児に伝えていきます。そのときに、「Aくんは～だから〇〇してあげなさい」というように、おとなから行動を指示するのではなく、「Aちゃんは～したいっていってるけど、わかる?」「Bちゃんも～したかったの?」「どうしたらいいと思う?」などと問いかけ、気持ちを受けとめながらいっしょに考える姿勢で接することが大切です。保育者の仲立ちを受けながら、子どもたちはことばで自分の思いを表現することが大切であること、他児には他児の思いがあったこと、思いがぶつかって両方とも悲しかったり、くやしかったことなどがわかっていきます。こうしたことを繰りかえしていくことで、相手の思いがわかり、関係も深まっていくのです。

第四節
他者との関係

三歳児は、友だちへの関心も高まり、保育者との関係を基盤にしながら、子ども同士の関係の比重も高くなります。楽しい活動を土台に、自分の思いを集団のなかで主張し、ぶつかりあいながら友だち関係をつくっていく三歳児の姿について考えます。

いっしょにあそぶのが楽しい——楽しいあそびが子ども同士をつなぐ

三歳児は「いっしょにあそぶのが楽しい」ということを十分に経験することが大切な時期です。知的な発達が著しい時期なので、一人ひとりのイメージも豊かになり、簡単なルールも理解できるようになります。この発達をいかして、イメージを共有してあそぶ「ごっこあそび」や簡単なルールを守ってあそぶ「ルールのあるあそび」が活発になってきます。

とはいっても、三歳児前半はまだおとながいっしょでないとあそびが続かないことも多くあります。保育者が何かで抜けると、そのままあそびも終わってしまうのです。しかし、三歳児後半になってくると、子どもたちだけでもイメージを共有し、共感しながら楽しくあそぶことができるようになります。

子ども同士が豊かな関係をつくっていくうえで大切な活動はたくさんありますが、三歳児においては「あそびをとおして」が最も重要であり、基本となると考えられます。三歳児は、おもしろいものには大きな興味を示し、自分から積極的にやってみようとする力が育ってきています。だからこそ、楽しいあそびをとおして、かかわったり、共感したりする機会を十分に保障することが大切なのです。次の節で述べるような楽しいあそびが子ども同士をつなぎ、関係を豊かに広げてくれるのです。

なかまの支えのなかでがんばれる――認められて自信をつける

二歳児までの子どもは、保護者や保育者といったおとなに自分を認めてもらえることに大きな喜びを感じます。「見ててね!」といってやってみせて、「すごいね」「がんばったね」とほめられて照れくさそうに喜ぶ姿があります。おとなの承認が「大きくなった」ことの実感につながるのです。

それは、三歳児になったからといって急になくなるわけではありません。「先生、見て～!」と自分のがんばり(特に苦手なことの際には)を保育者に見てもらいたい、認めてもらいたいという思いはまだまだとても強く、みんなが先生にアピールしたり、いっせいに近くに寄ってきたりします。年度当初にはその思いも特に強いので、三歳児のはじめには、子どもたちの強いアピールを限られた数の保育者でどう受けとめるかに苦労されることも多いかと思います。

しかし、それだけでなくなるのも三歳児の姿です。先生に認められるのはもちろんうれしいけど、友だちに認められるのもうれしいという気持ちが生まれてきます。苦手なものをがんばって食べたとき、「Aちゃんが○○食べてる！」と友だちに気づいてもらえると、ちょっと恥ずかしいけど、とってもうれしくなり、「次もがんばってみようかな」という気持ちが生まれます。

あそびの場面でも、はじめてのことに挑戦するとき、友だちが応援してくれるから、ちょっとこわいけどやってみようかなと思えたり、はずかしいけど、いっしょなら最後までやりとおしたりもできるのです。行事などの際に、練習のときには大丈夫だった子どもが、前日や当日になって急に不安になり、「出たくない」「やりたくない」ということがあります。これは、ふだんと違う雰囲気や自分への視線を感じとって生まれる不安です。それだけまわりのことに目が向くようになったことなので、成長の証です。

このような場合、おとなが「がんばろう！」と励ますだけでは、一歩の勇気はなかなか出ないものです。励まされるともっと萎縮してしまうこともあります。逆に、友だちの「いっしょにしよう！」のひとことで、気持ちを切りかえて笑顔でがんばれたりすることもあるのです。友だちの支えが「やってみようかな」という行動の原動力になり、がんばってできたとき、それが自信になります。

三歳児は、なかまのなかでがんばり、認められて自信をつけていくのです。

グループのなかでかかわりを経験する——楽しい活動の保障を

いっしょにあそぶ楽しさを経験したり、ことばで自分の気持ちを伝えようとするとき、三歳児ではまだクラス全体ではむずかしい場合が多くあります。後にはクラス全体でかかわることを視野に入れながら、グループでの活動や経験を大切にします。三～五人のグループを編成して、生活や活動をとおしてかかわりを経験するのです。

少人数のグループは、一人ひとりの子どもの安心できる居場所であると同時に、子ども同士のかかわりを経験する場です。グループでの活動をとおして子どもたちは、いろいろな友だちがいること、それぞれに思いや気持ちがあることなどを知り、さまざまなかかわりを経験します。だから、できるだけ「均質」にはせずに、いろいろな子どもでグループを編成します。

グループにおいて大切なのは、楽しくかかわれる活動内容です。活動が豊かでないと、グループはおとなにとって都合のいい管理のための単位になってしまいがちです。グループのなかで自分の思いを十分に出せたり、ことばでの簡単なやりとりに慣れたり、「いっしょに～ができたね」と共感しあえたりという経験を、楽しい活動をとおしてできるような内容の選択・保障が必要なのです。

思いはあってもことばでは十分伝えられない——おとなの声かけが子どもの見本

いっしょにあそぶことが楽しい反面、そこからトラブルが起きやすいのも三歳児の姿です。三歳児は、一歳児で生まれた自分なりの「つもり」がはっきりしてきて、集団のなかで自分の「つもり」を主張し始めます。知的好奇心や友だちへの興味も高まり、いろいろなことを「やってみたい」という気持ちとエネルギーにあふれている時期だけに、「私が～しようと思ったのに…」「僕が使ってたのに…」「～してあげようと思ったのに…」など、自分の思いがとおらないときに衝突にもなりやすいのです。

これは、どちらかが悪いというよりも、互いの思いがすれ違ったことによって起こるものです。これには、三歳児期が、思いの大きさに比べてことばの発達がまだ十分ではないことも大きくかかわっています。四歳児になると、自分の思いやイメージを自分のことばで話せるようになり始めるのですが、三歳児では自分の気持ちを友だちにことばで十分に伝えられないために、直接的な行動として、ものの取りあいになったり、ケンカになったりするのです。

だからこそ、この時期は、子ども同士の関係をつくっていくうえで、保育者の仲立ちはまだまだ不可欠だといえます。直接的なぶつかりあいの裏側にあるそれぞれの「つもり」を読みとり、相手に伝えていく仲立ちを保育者がしてくれるからこそ、子どもは互いの気持ちをわかりあって、また仲よくあそぶことができるようになります。

同時にこのおとなの仲立ちは、子ども同士がことばでかかわりあうためのモデルにもなります。「〇〇ちゃんはどうしたかったの?」「~するにはどうしたらいいと思う?」などの声かけが、その後、子ども同士でコミュニケーションをとる際の見本になるのです。子どもは、おとなのことばを手がかりに、どのようにかかわったらいいのかを学び、身につけていくのです。トラブルの場面を含めて、いろいろな機会をとらえて、ていねいに指導していきたいものです。

ここでは子ども同士の関係について述べました。子ども同士が豊かな関係を築いていくにあたって重要な役割を果たすのがあそびです。次節では、三歳児のあそびについて述べたいと思います。

第五節 あそび

子ども同士の豊かな関係を築いていくにあたって重要な役割を果たすのがあそびです。三歳児は、まだまだ自己コントロールの力が四歳児以降のようには育ってはいませんが、「みんなであそぶと楽しい」「またいっしょにあそびたい」と思える毎日が大切です。三歳児の代表的なあそびとして、ごっこあそびを取りあげて述べたいと思います。

ごっこあそびは「楽しさの複合体」

三歳児は、それまでのみたて・つもりあそびを発展させながら、本格的なごっこあそびへと進んでいく時期です。ごっこあそびは、「間口」の広さと「奥行き」の深さが魅力の一つです。あらゆる年齢で、あるいは異年齢でも楽しむことができると同時に、各年齢にふさわしい、そのときどきで挑戦させたい課題を設定してあそぶことも可能です。

ごっこあそびは「なりきってあそぶ」ことが楽しいあそびだと考えられやすいのです

が、実に多様な楽しさを含んでいて、「楽しさの複合体」だといえます。いろいろな「楽しさの形」をあげてみます。

①先生、お医者さんなど、「〇〇になる楽しさ」。ごっこあそびの人物や役がもつ楽しさや魅力といえます。

②注射をする、たこ焼きを焼くなど、「〇〇をする」楽しさ。人物や役の代表的な行為をまねする楽しさといえます。

③包丁を使う、聴診器を使うなど、「道具を使う」楽しさ。②の行為で使う道具に興味をもち、楽しんでいる姿です。

④葉っぱをお皿に、園庭を教室になど、「〇〇にする」楽しさ。みたてや設定を楽しんでいる姿です。

⑤友だちや先生と「やりとりをする」楽しさ。

ごっこあそびが「対立のないやりとりを楽しむあそび」であるといわれるように、最終的には、どの子どもにも⑤の「やりとりをする」楽しさを感じられるようにしたいものですが、急いでそれを強制する必要はありませんし、それは望ましいことではありません。それぞれの楽しみ方で楽しみながら、他の楽しみ方をしている友だちともかかわり、楽しさを広げていきながら、やりとりをする楽しさにつなげていければいいと思います。

ごっこあそびにつながる一歳〜三歳までの姿

ごっこあそびの萌芽的形態は、一歳〜一歳半で見られます。それは毎日経験する日常生活習慣に関連したものがほとんどで、空のコップを飲むまねをするなどの形で現れます。

一歳半～二歳になると、象徴的行為に言語がともなうようになります。それまではコップを差しだすだけだったのが、「はいジュース」といって差しだしたりと、ことばが出るようになります。しかしまだ、他児とのやりとりを楽しむところまではいきません。他者に向けての行為が見られるとはいっても、多くの場合、その相手はおとなであったり、大好きなお人形だったりします。

二歳半～三歳になると「あそび」と「あそびでないもの」の心的分化が成立します。「ウソッコの世界」の誕生です。「これはウソッコのジュースだから、ほんとに飲んじゃだめだよ」などと話しながらごっこを楽しむようになります。子どもは現実と虚構の区別がついていないといわれますが、二歳半～三歳になると二つは違うものであることがわかってくるのです。ただし、分化するとはいっても、現実の世界と虚構の世界が混じりあったり、いったりきたりするのもこの時期までの特徴です。四歳を過ぎると二重構造が十分に理解され、混乱やとまどいは少なくなってきます。

ごっこあそびが育てるもの――認識・ことば・かかわる力

ごっこあそびにおいて最も大切なのは、楽しむ心、夢中になれる経験です。現実とは違う「ウソッコの世界」をもち、そのなかで自分のなりたいもの・あこがれのものになったり、やってみたいと思う行為を思うぞんぶんすることができたりということ自体に大きな価値があります。それに加えて、ごっこあそびは子どもたちの諸側面の発達にとって大きな影響をもちますが、ここでは、認識、ことば、子ども同士の関係に着目して述べたいと思います。

①認識や関心の広がり

ごっこあそびは子どもたちに、周囲のものや生活への関心を広げてくれます。もともと子どもたちは、まわりのものやおとなのしていることには興味があり、よく見ているのですが、ごっこあそびをするなかで、いっそう興味は広がり、見る目も深く、鋭くなってきます。

「○○屋さんはこんなふうになってたよ」「お医者さんはこうするんだよ」など、実によく知っています。いっしょに買い物に行ったりすると、ごっこのなかで経験したことをもとに、「○○がある」「こんなふうになってる」などと興味をもってじっと見る姿があります。ごっこあそびをとおして生まれたまわりのものへ興味をもつ力は、実際やってみたり、調べたり、確かめたりする力へとつながる大切なものだといえます。

②ことば

ごっこあそびの本質の一つがやりとりの楽しさであることは先に述べましたが、このやりとりをとおして、子どもたちには「状況判断に基づくことば」が育ちます。ことばの発達は、語彙数の増加だけをさすわけではありません。自分の思いがいえたり、ことばを使って自分なりに考えることができたり、ことばを支えに自分の気持ちを収めたりできるようになることなども、ことばの発達に含まれます。

ごっこあそびでは、相手とのやりとりのなかで、相手のいうことを理解し、それに対して（あそびのうえで）ふさわしい対応をすることが求められます。「これください」というお客さんのことばには、「はいどうぞ、一〇〇円です」と答え、「メロンパンありますか?」に対して、「ありません。あるのはチョコパンとクリームパンです」などと対応することでごっこあそびは成立します。生活と無関係なむずかしいことばでも、教えれば子どもはおぼえますが、それより大切なのは、生活で生きることば、他者とかかわれることばです。ごっこあそびのなかでいろいろなことばにふれ、やりとりすることで、ことばは豊かに育っていくのです。

③ 豊かな関係とかかわる力

ごっこあそびは、子ども同士の豊かな関係づくりにも大きくかかわっています。

第一に、ごっこのなかで「期待され、あてにされる経験」をするということです。ごっこあそびはそれぞれが役割をもったり、簡単ですがあそび上の約束事があります。それを破ったり、勝手なことをしてしまうとあそびがおもしろくなってしまいます。〇〇役をするときには、そこに「こんなふうにやってほしい」という期待が生まれます。これは負担になる以上に喜び・うれしさにつながります。「〇〇（役の名前）さん、〜してください」といわれると、とてもうれしそうに役を演じたり、行為をしたりする姿にその思いは表れています。

第二に、他者の立場に立つ力が育つということです。ごっこあそびで一番大切なことは、一人ひとりが楽しいと感じることですが、その楽しさは、他者といっしょにあそぶことでいっそう感じられます。はじめは自分がやりたいことをやっている三歳児ですが、あそびを積み重ねていくうちに、相手の立場（お店屋さんや運転手さんならお客さん、お母さんなら赤ちゃんなど）を考えて、どうしたらいいかをくふうするようになります。がまんして、無理してそうするのではなく、そのほうがずっと楽しいからです。「自分が楽しい」が「相手のことを考える楽しさ」「みんなに楽しんでもらいたい」に発展していくのです。こうして子どもは、他者を感じながらあそぶことができるようになるのです。

第三に、前の二つを受けて、自己コントロールの力が育つということがあげられます。ごっこあそびでは、みんなで楽しくあそぶことに向けて、少しだけ自分の気持ちをコントロールする必要があります。がまんするというよりも、みんながストーリーの世界を感じて、行動しようとするのです。とはいっても、まだ四歳児以降のようにはできないので、「自分なりに」というレベルです。しかし、自分自身が楽しみながら少しだけみんなと楽しいことに向けてがんばれる力が育つことは、三歳児にとって、四歳児以降の自己コントロールにつながるという点で、とても重要だと思います。

ごっこあそびはなぜむずかしい？——具体的な指導について

ごっこあそびは、役割や行動、やりとりを楽しみながら、認識や関心、ことば、友だちとの関係など、さまざまな発達をうながしてくれるすばらしいあそびです。保育者には、子どもとともにごっこあそびを十分に楽しんでほしいのですが、最近多くの保育者（特に経験年数の少ない保育者）から、「ごっこあそびはむずかしい・苦手」「どうしたらいいかわからない」「いっしょに楽しめず、させよう、させようとしてしまう」などの声を聞きます。ここでは、ごっこあそびを指導する、というよりも、いっしょに楽しみながらどのように子どもとともにあそびをつくっていくかについて考えます。

先述したように、ごっこあそびは多様な楽しさを含む「楽しさの複合体」です。楽しみ方に決まりはなく、子どもも保育者もどのようにでも楽しんでいいのです。「どんなお店屋さんにしようかな？」「どんな品物をつくろうかな？」など、保育者の構想やくふう、子どもの願いや発想によって、いろいろな形で発展させることができます。

「唯一の正解がない」からこそ、むずかしいと感じる保育者がいるのかもしれません。どんなごっこをしなければならないと決まってもいないし、○○ごっこはこのようにするという「定型」があるわけでもないし、最終的にどの状態で終わらなければならないということもありません。子どもと「こんなふうにしたい！」「明日もしようね！」と続けていくなかで、自分たちのごっこができあがっていくのです。これがごっこのおもしろさや魅力なのですが、経験の少ない保育者にとっては、展開や最終の姿がイメージしにくく、見とおしをもちにくい不安があるのかもしれません。

しかし、よく考えてみると、どの活動にも「こうしなければならない」というものはないし、最終の形が確固として決まっているわけではありません。手順と最終のイメージがもちやすいと考えられる制作という活動でも、保育者の指示に従って受身に活動し、みんな同じものができあがればいいわけではありません。子どもたちのやってみたい気持ちを引きだし、こんなふうにしたいという発想や個性的な表現を大切にしながら、一人ひとりが「楽しかった！」と思える活動にしなければなりません。そう考えるとごっこあそびだけが特別なのではなく、他の活動と同様の気持ちで取りくめばいいのですが、それでもむずかしく感じるようです。保育者が、自分も楽しく子どもといっしょにごっこあそびを始められるように、ごっこあそびを進めるうえで大切にしたいことを述べたいと思います。

ごっこあそびを楽しむ――テーマ選び・道具・ストーリー

①テーマ選び

まず、「何ごっこをすればいいか？」というところから迷ったり悩んだりするかもしれません。ごっこあそびにおいて最も大切なのは、楽しむ心、夢中になれることです。どんなごっこをさせるかを、おとなが一方的に決めてしまうのではなく、子どもたちの関心があることは何か、生活のなかでよく知っているものは何か、一番楽しんでできることは何か、から考えていきます。

近年、生活の変化・多様化によって、子どもたちの生活経験が共通性をもちにくくなってきました。おうちごっこをするにしても、家族のあり方や生活のしかたがそれぞれ違って、共通のイメージをもってあそぶのがむずかしくなっています。その反面、予防接種やかぜをひいたときなどにお世話になっているからか、お医者さんや病院には、ある程度の共通したイメージをもつことができるようです。それぞれの行っているお医者さんや病院は違うところでも、熱を測る、注射をする、聴診器をあてる、「どうしましたか？」とたずねるなど、子どもにとって「わかりやすい」行動が多いことも、共通経験やイメージになりやすい理由かもしれません。

病院が子どもたちにとって身近で、共通イメージになりやすく、典型的な行動から入りやすいのなら、病院ごっこを楽しむのもいいでしょう。遠足などのときに乗ったバスが楽しかったなら、その後でバスごっこに取りくむこともできます。子どもたちのようすから、興味のあること、印象に残ったできごとなどを見つけ、ごっこあそびへとつなげていくと楽しい活動ができるのです。

②道具やストーリーはどうする？

道具はどれだけ用意すればいいのか、ストーリーや役割はどれくらい決めておけばいいのかも気になるところでしょう。ごっこあそびは「こうでなければ」というものはないので、子どもとともに楽しんでつくっていけばいいのです。そこで、子どもが楽しくあそび始めることができるきっかけを、最初の設定や最低限の道具によって準備できればいいのです。

保育者は、どのような設定や道具が子どもたちの「やってみたさ」を引きだすのかを考えます。設定が詳細でなければごっこあそびが始められないわけではないし、道具がたくさんなければできないわけでもありません。病院ごっこならお医者さんや看護師さんの「気分」になりやすい、つまり「つもり」を引きだしやすい道具を用意します。白衣、注射器、聴診器ぐらいがあれば、子どもたちは十分その気になれますね。

きっかけとなる設定や道具を用意して子どもとあそんでいくと、「次はこんなことをしたい」「こんな道具がほしい」「こんなものも必要だよ」という発想が子どもから出てきます。それを受けとめて、形にしていきます。役割を増やすのもいいし、いっしょに道具をつくるのもいいでしょう。このとき子どもから出てきた発想は、まさにあそびの楽しさから生まれたもので、子どもにとって必要で必然なものなのです。

きっかけとなる設定や道具は保育者が用意するとしても、子どもの発想を取りいれて展開していくことで、子どもたちの主体的なもの、その子どもたちとしかできないオリジナルなものになります。はじめから完全に準備をして、そのなかで子どもをあそばせようと思わずに、いっしょにあそびながら展開していくことが大切なのです。

おとなのかかわり――参加者としていっしょに楽しむ

ごっこあそびを子どもと楽しむにあたって、おとなはどのようにかかわったらいいかがわからないということも、ごっこあそびをむずかしく感じさせる一つの要因でしょう。基本的には、参加者としていっしょに楽しくあそびながら、子どもたちに新しい楽しさ、別の楽しさを知らせていくのが役割です。

そのためには、第一に、保育者が楽しんでいる姿をしっかり見せることが大切です。まさに「真剣にあそぶ」姿勢です。「三歳児の保育者は、まずはあそびの大将であることが必要」とよくいわれますが、先頭をきって楽しくあそぶことが大切なのです。そのなかで、子どもたちの気づかない表現や次の展開を示唆する動きを加えていきます。たとえばお店屋さんごっこなら、「いらっしゃいませ」「〇〇ください」「一〇〇円です、ありがとうございました」などの基本的なやりとりを楽しみながら、保育者が「○○はありますか?」「どれがおいしいですか?」などとたずねたりします。それに応えて子どもたちは「○○はありません」「これがおいしいです」など、先ほどまでとは違うやりとりを経験することになります。このやりとりがきっかけとなって、「○○もつくろう!」という発想が生まれたり、「これがおいしいですよ」ということばが加わったりします。

一人の参加者としていっしょに楽しみながら、子どもたちに必要な援助を行うことを「内指導」といいます。ごっこあそびにおいては、あそびの外から無理にではなく、流れにそいながら、新しい展開へと導くような内指導が求められるのです。

第二に、子どもたちの楽しさに共感するということです。保育者は意図をもってごっこあそびに取りくみますが、子どもたちの楽しみ方はそれぞれです。大好きな道具を使って何度も同じ動作を繰りかえす子どもがいたり、お客さんに品物を渡すところが楽しくて、他の子がしようとすると取りあげようとしてけんかになってしまう子どももいます。ごっこあそびでは、「何を、どんなことをしているか」に目が向いてしまいますが、その行動をすることで、一人ひとりが何を楽しんでいるかに共感し、その思いを尊重して活動をうながすようなかかわりが必要なのです。

ごっこあそびの実践例

三歳児の楽しい「消防ごっこ」を紹介します。

一月に消防署の出初式を見に行った子どもたちは、はしごを使っての演技などを見て、プラスチックの消防ヘルメットをもらったことで「消防士さんになりたい」「消防ごっこしたい」という気持ちがふくらんできました。保育者はその気持ちを大切にしながら、「消防士さんみたいに身体を鍛えよう」とランニングに誘ったり、ちびっこ消防士になって火事から担任を助けだすあそびをしました。子どもたちのなかから「(出初式で見た)コウモリがしたい」という声が出たので、鉄棒に足をかけてぶら下がるあそびにも取りくみました。足をかけて手を放す勇気が必要ですが、出初式のイメージに支えられてコウモリに取りくみ、やりとげました。

みんなで楽しくあそんでいくなかで、「強い消防士さんになるためにご飯もいっぱい食べよう!」と意欲的に給食を食べる姿が出てきたり、公園での太鼓橋渡りが少しこわかった子どもが友だちに励まされて渡りきったり、友だちが最後までがんばっている姿に気づき、みんなで応援する姿なども現れてきました。一つの楽しいあそびが、一人ひとりの意欲を引き出し、子ども同士の関係を豊かに広げてくれた実践例といえます。この実践については『子どもと保育　改訂版　三歳児』(かもがわ出版)にくわしく記されています。参考にしてみてください。

ごっこあそびの楽しさが少し伝わったでしょうか?　子どもたちとやってみたくなりましたか?　むずかしく考えすぎずに、「子どもたちのあこがれはどこにあるのかな?」「子どもといっしょに何になって楽しもうかな?」という気持ちで取りくんでほしいと思います。

第六節 保育者の役割

見とおしをもって生活し、楽しい活動をたくさん経験しながら、友だちとともにたくましく育っていく三歳児ですが、元気で活動的な顔の裏側で、繊細な気持ちが生まれるのもこの時期です。こうした揺れる三歳児期に、おとなはどのようなかかわりをすることが求められるのでしょうか。最後におとなに求められる役割について考えます。

元気で、活動的な反面、プライドがあってやろうとしなかったり、衝突が多かったりと三歳児の保育はむずかしく考えられがちです。「どうしたらいいのか?」「どうやったら子ども同士の関係をつくれるのか?」と悩むこともあるかと思います。気をつけなければならないことはたくさんありますが、年間をとおして大切にしたいことを二点述べます。

第一に、「楽しかった!」と実感できる経験をたくさんできる一年にすることです。楽しいあそびをたくさんしながら、みんなであそぶことの楽しさを十分に経験させせましょう。こうした経験が、他児とかかわる楽しさを感じさせ、その後のみんなで協力する力につながっていくのです。

第二に、「一人前意識」を尊重し、気持ちに事実を追いつかせる一年にするということです。気持ちは一人前でも、できないことが多いのが三歳児です。まだ、気持ちが先行して行動や事実が追いついていないのです。「できてないよ」「違うよ」とそれを指摘してしまうだけでは、三歳児なりのプライドが傷つき、逆に、「できない！」「やりたくない！」と消極的な行動につながってしまいます。だからといって、できないままでいいわけではありませんので、「できる」という気持ちを尊重しながら、その意識を一年間かけて「できた！」という事実につなげていきます。

この二つを軸に、三歳児保育を構想していきます。どんなかかわりが求められるかを次に見てみましょう。

現象の裏側にある思いに寄りそう

まず、全般的にいえることとして、いろいろな場面で見られる「揺れる心」に寄りそうことがあげられます。三歳児の第一節で、三歳児は「失敗することが平気でなくなる年齢」であると述べました。比べる力の育ちが不安な心を生みだしたり、まわりの期待がわかって評価を気にするようになります。二歳児のときとはようすが違い、保育者も保護者もとまどうことがあります。しかもこうした不安は、「問題」行動として現れてくることがあるため、「三歳児の保育はむずかしいな」と感じることもあるかもしれません。

しかし、この揺れこそが三歳児の姿であり、「お兄ちゃん、お姉ちゃんになりたい」「がんばりたい」という発達要求の現れです。ことばや行動にまどわされて、叱責、禁止、制止になりがちですが、現象の裏側にある思いに寄りそうことが求められます。三歳児期固有の揺れを理解し、「なりたい自分」を励ますかかわりが、おとなには必要なのです。

甘えがあるのも三歳児

一人前意識の三歳児は、「お兄ちゃん、お姉ちゃん意識」が強いので、少しむずかしいことでも、すぐに保育者や保護者に援助を求めずに自分でやってみようとします。この姿は自立に向けて大切ですが、その半面、ときには甘えたり、やってもらいたがったりすることもあります。おとなはどうしても「がんばろうとしている姿」「がんばれている姿」を評価して、甘えや依存を否定してしまいがちですが、「そんなときがあるのも三歳児である」ということを理解して、受容しながら、やってみようとする気持ちを支えていきます。

その際、ただ、「がんばろう」「やってみよう」とことばで励ますだけではなく、「具体的な方法を知らせる」ということが必要です。甘えや自信のなさといった揺れる気持ちをわかってもらって、どうやればいいのかがわかって、大好きな人が見守ってくれれば、がんばれるのが三歳児ですから、日によってコロコロ変わる姿に寄りそいながら、できた自信を積み重ねていくことができるように、かかわっていきましょう。

やってみたい気持ちを励ます

三歳児は生活圏が広がり、好奇心も強いので、新しいことをやってみたい気持ちをもっています。身体もしっかりして、運動能力も高くなるので、新しいことに挑戦するのにとても適した時期です。その反面、結果を気にして躊躇《ちゅうちょ》してしまうこともしばしばあります。こうした姿に対して、不安を受けとめ、安心して取りくめるように配慮することは大切ですが、それが、新しいことに挑戦させない、確実にできることばかりさせる、ということになると、挑戦したい気持ちは育っていきません。だからといって、不安な気持ちを軽視して「とにかくやらせればいい」というのも、三歳児の繊細な気持ちを大切にすることになりません。

三歳児が挑戦してみたくなるような課題を用意することはもちろん、そこに「見とおし」が生まれるようなくふうが必要です。まだ四・五歳児のようには考えられないので、「手がかり」になるものが必要なのです。図や絵を用いて「こうすればいいんだ！」とイメージを描きやすくするのもいいですし、先に理解でき、取りくもうとしている他児の姿を見せたり、おとながやって見せることもその方法の一つです。「やってみる！」といいながら、いざとなると「やめる！」といってしまうこともあるので、「やるっていったのに」と追いつめてしまわずに、不安を軽減し、やってみたい気持ちを励ましながら見守っていきたいものです。

かかわりたい思いをかなえる仲立ちを

友だちへの興味が強くなり、かかわりも広がってくる三歳児ですが、同時に、関係のむずかしさが出てくるのもこの時期です。あそびをとおして楽しさを共有し、関係がつくられていく反面、かかわりでさまざまな「問題」が生じることもあります。それは「集団に入れない」「勝手な行動でトラブルになる」といった形で現れます。いっしょにあそびたいのにうまくいえなくてじゃまをしてしまったり、自分が悪かったとわかっていても「ごめんなさい」となかなかいえなかったり、「でもね…」と自分の思いを一方的に押しつけてしまったりということも多いのです。

どの子どもも「みんなとあそびたい」という気持ちはもっているのですが、イメージを共有しきれなかったり、思いをことばで伝えきれなかったりするため、こうした行動になって現れやすいのです。加えて、「失敗することが平気でなくなる」三歳児ですから、二歳児までとは違ってプライドもあって、聞けなかったり、素直になれなかったりするのです。三歳児は、子ども同士のかかわりを本格的に学び始めたばかりなので、「かかわりたいけど、うまくいえない」ということが多いのです。だからこそおとなは、かかわりたい気持ちを適切に表現する方法を獲得できるように援助していくことが求められます。

その際に、大切になるのが「仲立ち」や「翻訳」と呼ばれるかかわりです。思いはあっても言語の発達がまだ追いついていないので、いいたいけどうまくいえない思いをくみとって、「～なんだって」「Aちゃんは○○っていってるけど、どう?」など、通じあいにくい部分を補って、通じあえるようにかかわります。おとなが「いってあげる」のではなく、本人のいいたかったことを尊重して補うのです。そうすることで、お互いの思いがわかり、通じあった喜びが感じられ、適切な伝え方も学ぶことができます。一人ひとりのなかにある「かかわりたい思い」をかなえていくような仲立ちが大切であり、このことが、四歳児以降に深まっていく子ども同士の関係の土台になるのです。

第二章

四歳児の発達と生活・あそび

第一節 四歳児とは

四歳児は、幼稚園・保育園でも、五歳児に憧れながら、さまざまな活動に積極的に取りくむ時期です。その一方で、最近、四歳児の保育で悩む保育者が増えてきました。もともと、三歳児と五歳児という特徴のはっきりした年齢にはさまれ、「つかみどころがない」「なんとなく過ぎる」と思われやすい四歳児です。それに加えて、さまざまな「育ちそびれ」「積み残し」が大きくなり、四歳児保育をどのように進めたらいいか迷ったり、自信をなくしたりすることが増えているようです。まずは四歳児期の全体像・特徴について述べます。

実は大きな転換点の四歳児

保育においては、三歳児に大きな転換点があります。幼稚園であればはじめての集団生活ですし、保育園においても、設置基準の関係で、急に大きな集団と少数の保育者という体制に変わります。三歳児は「一人前意識」がありますから、そのこと自体は喜びであり、誇りです。四歳児になると集団生活や友だちにも慣れてきますが、だからこそ単なる三歳児の延長のようにとらえてしまうと、変化が「見落とされやすい」危険性があります。

四歳児と三歳児の違いはなんでしょうか。代表的なものの一つが「知恵の使い方」ではないかと考えられます。三歳児〜四歳児は知的発達の著しい時期です。いろいろなものに興味をもち、知りたがりになります。知ったことを人に話したり、実行もしてみたいので、行動も積極的になります。

こうした知的発達は、就学の土台になる力を形成し、自分の気持ちや行動をコントロールし、他者の思いを理解する力につながる、とても大切なものなのですが、同時に他者とのトラブルのもとにもなります。その典型的な例が「ズルをする」「自分を正当化する」「相手をいいくるめる」という知恵がついてくることです。

知恵がつき、なんとか自分に有利に進めようとする姿は、どの子どもにもあることなので、深刻に考えすぎて叱責しすぎる必要はありません。しかし、同時に、四歳児という時期がルールを守ることを獲得していく時期であることを考えると「子どもなりの精いっぱいの知恵だから」とほほえましく思って、看過するばかりとはいきません。おとなには、子どもたちの知恵に応えられる理由や論理が求められるようになります。これが四歳児保育のむずかしさにつながっているのかもしれませんが、「むずかしい」「めんどうである」という面ばかりに目を向けずに、「本格的にやりとりができるようになった」と考えて、四歳児のつきはじめた知恵を大切にして保育を行いたいものです。

活動が飛躍的に広がる

四歳児は活動が大きく広がる時期でもあります。それを支えている一つめの要素が手指の巧緻性《こうち》の高まりです。「〇〇しながら〜する」ことができるようになり、細かな作業もできるようになります。生活面でいえば、おはしもじょうずにもてるようになって、食事がスムーズに進むようになります。あそびや活動面でいえば、道具が使いこなせるようになり、あそびや活動が発展し、いっそう楽しくなってきます。

もう一つの要素はイメージの広がりです。ごっこあそびは、四歳児以前も楽しく行われますが、お母さん役が何人もいるなど役が重なりあっていてもあまり気にしないであそんでいます。四歳児になると、設定、役や役同士の関係なども十分わかり、相手の役割にあわせて自分の役を決めたりできるようになります。

また、簡単なルールのあるあそびが楽しめるようになるのも大切なことです。じゃんけんで負けたらオニになる、タッチされたらオニと交替するなどといった役割とその交替もわかるようになるからです。しかし、ルールを守ることに必死で、みんなで楽しめなかったり、自分の気持ちをコントロールする力が十分ではなく、守れずにトラブルになったりということも多いのです。

ごっこあそびやルールのあるあそびをとおして、トラブルもくぐりながら、みんなであそぶことの楽しさ、他者の気持ちに気づく力を育てていくことが、四歳児の保育において大切なのです。

ことばの育ちが支える自己コントロールの力

四歳児になると、自分にとってむずかしいことや「がんばらなければ」と思っていることに向けて、自分自身を励まして挑戦しようとする姿が見られるようになります。「○○があるから」と見とおしをもって努力しようとするのです。この姿は、自分で目標を立てて、主体的に生活しようとする力が育ちつつあることの表れとして大切なものです。しかし、思ってもそのとおりにできないことも多いし、もっと適切な方法がある場合も多いので、おとなはいろいろと口を出してしまいがちですが、自分で考え、悩みながらもやりとげようとすることを大切にして、見守ることも必要になります。

自分を励まし、努力できるようになるのは、四歳児の時期にことばが著しく育つことと大きく関係しています。コミュニケーションの手段としての機能に加え、ことばが思考の手段として機能し始めるのです。

ことばが思考の手段として機能し始めると、子どもは自分自身と「内的な対話」ができるようになります。この内的な対話が、自分を励ましたり、気持ちを立てなおしたり、がまんをしたりすることを支えています。「はずかしいけど、みんなといっしょだからがんばってみよう」「早くしたいけど、順番だから待とう」など、状況と自分の思いとの関係をことばで整理し、ふさわしい行動をとろうと努力することにつながっていくのです。

こうした力の育ちを土台に、がまんする力、自己コントロールの力を育てることは四歳児の重要な課題なのですが、「できてあたりまえ」「できなければならない」と考えて、がまんを強制するのは望ましいことではありません。内的な対話をうながし、時間がかかってもことばで整理しながらがんばろうとする姿を大切にしたり、できなかったときに「～したかったんだね」と受けとめたりしながら、時間をかけて、がまんする力、自己コントロールの力を育てることが四歳児の保育の課題だといえるでしょう。

友だち関係も大きく変わる

三歳児から活発になってくるなかま関係ですが、四歳児になると進化・発展するとともに、変化も見せるようになります。それまでの関係は「仲よし」関係が中心で、その範囲もまだ限られたものでした。こうした仲よし関係を土台にしながら、四歳児の関係は、「目的に向けてともにがんばる関係」という性格ももつようになってきます。

このことには、自分で目標を立てて、主体的に生活しようとする力が育ちつつあるとともに、集団そのものが育っていく時期であることも関係しています。「みんなで生活発表会をがんばる」など、少しむずかしいけど手ごたえのあることに価値を感じるようになるのです。

とはいえ、みんなでがんばろうという気持ちはあっても、思いがずれてしまうこともあります。思うとおりにいかなくて気持ちがくじけてしまったり、ふざけが出たりすることもあります。「みんなでできるようになりたい」という思いが強いだけに、ちゃんとできない友だちにきついことばをいってしまったり、責めてしまったりで、トラブルになることも多いのです。

そのときに、「ちゃんとしなさい」「もっとやさしくいいなさい」というだけでは、四歳児に必要な力を形成することはできません。「みんなでやりたい」という気持ちを大事にし、思いどおりにできない葛藤を受けとめながら、必要な場合には仲立ちをし、「みんなでできた」という実感がもてるような保育を行うことが必要なのです。

このように集団が育つ時期であるからこそ、一人ひとりの子どもを十分に理解することが意識的に行われなければなりません。「集団として」「みんなで」生活し、あそぶ場面では、みんなのなかに入りきれない子どもが気になるかもしれません。集団に入りにくい子どもは、他児とかかわりたい気持ちはあっても、みんなのエネルギーに圧倒されていたり、少し自信がなかったり、不器用だったりするかもしれません。こうした子どもが、安心して過ごせる生活とあそびをくふうしていくことも求められているのです。

第二節 基本的生活

四歳児は、身のまわりのことは自分でしようとし、やりとげる力もついてきます。それに加えて、「～しながら〇〇する」ことができるようになる年齢であり、自身の身体についてわかり、「身体と対話する」ようになる時期です。こうした姿は、単なる行動面だけでなく、「自分を律する力」が育ちつつあることを示しています。四歳児の生活は、このような育ちを基盤としてつくられ、発展していきます。そうした生活のなかで、四歳児の大きな課題である「ルールや決まりを守る力」「自己コントロールの力」も育っていくのです。

自分の身体についてわかる――自分で考え、できることに向けて努力する

四歳児は、自分の「身体と対話する力」が育ってくる年齢です。その力は、生活の面で

も発揮されるようになります。

生活の面では、気温の変化を感じとり、「暑い」「寒い」という感覚にあわせて衣服の着脱ができるようになったり、「おなかが痛い」「ケガをしたところが痛い」など、不調や痛みについてもわかり、伝えることができるようになります。

自分の身体の変化に気づくようになるのもこの時期です。四歳児という時期は、靴や服がきつくなったり、くっついて並ぶと狭く感じるようになったり、友だちと並んで比べたりして、自分の身長が伸びた、身体が大きくなったという変化をとらえることができるようになります。

身長が伸びること、身体が大きくなることは、子どもにとっても「大きくなった」と感じられるうれしいできごとです。そのうれしさに共感しながら、自分の身体を大切にすること、友だちの身体を大切にすること、手洗いやうがい、水分の補給など、自分でも気をつけながら健康に過ごすこと、などを伝えていくことが重要なのです。逆に、身長が低いこと、身体が小さいことを気にする子どもには、そのことが自己評価の低下につながらないように、ゆっくりと大きくなることのすばらしさも伝えていきたいものです。

「気をつける」ことができるようになる——活動の範囲の広がり

自分の身体との対話が深まるにつれて、何かをする際に、注意深く行動することができるようになります。それまでの年齢では、自分の興味や好奇心にひかれて、できないことでもしようとしたり、「やってみたい」が先行して、あまり気をつけないで行動したりしがちです。

しかし、四歳児になると、活動性が高まり、自分の身体の動きがある程度把握できるようになるし、同時に、経験をもとに、予測したり、見とおしをもつことができるようになるので、身体の動きと危険性の両面から行動のしかたを考え、注意深く行動したり、気をつけて道具を使ったりできるようになります。それまでは、おとなが「気をつけなさい」「前を見なさい」「手を放さないで」と、そのつど注意しなければならなかったことにおいても、「〇〇は危ないから」「手はここに置かないと」など、自分で考えて、気をつけることができるようになるのです。

この力によって、子どもたちの活動の範囲やできることはさらに広がっていきます。それまでは、おとながそばについていないと心配でさせられなかったことも、あらかじめ注意を確認し、少し離れて見守れば可能になるからです。危険性を考えず、なんでもさせればよいというのではもちろんありませんが、四歳児には、「わかる力」「気をつけられる力」をいかして、自分の身体を自在に使って、いろいろなことに挑戦できる喜びが実感できる保育内容が必要なのです。

見とおしをもって生活できるようになる

四歳児は、認識の発達の著しい時期でもあり、経験したことをバラバラにではなく、時系列にそって認識できるようになってきます。これを「系列的理解」といいます。この力をもとに、「昨日」「今日」「明日」がわかり、「昨日の続きをしよう」「明日は◯◯の日だよ」など、継続的なことや先のことに見とおしや期待をもって取りくむことができるようになってきます。

当番活動でも、自分や自分たちのグループだけでなく、他児や他のグループのことまでわかって、「次は◯◯だよ」「月曜日はぼくだよ」といった期待感をもって取りくむことができるようになってきます。

三歳児でも見とおしをもって生活していますが、それでも、生活の切りかえ場面や気づきにくいときには、おとなの「〜するよ」「次は◯◯だよ」といった声かけを受けて行動することが多かったのに、四歳児になると自分で見とおしをもち、気づいて行動できるようになってきます。「先生、明日◯◯だよね？」など確認する姿もあります。

一歳児でも、毎日の繰りかえしのなかで生活の見とおしは生まれてきますが、四歳児が違うのは、発達の著しい認識の力を土台に、見とおしをもった生活が自分で送れるようになるという点です。まさに、「生活主体」「生活の主人公」に向けて育ちつつある姿なのです。

第三節 認識・イメージ・ことば

四歳児は「わかる力」が大きく育つ時期です。身のまわりのいろいろなことに興味をもち、「知りたい」気持ちが高まり、わかることが増えてきます。だからこそ、家庭や幼稚園・保育園のなかで、いろいろな対象と出あえたり、「わかる力」を発揮する機会の保障も必要になっていきます。

あそびのなかでも、自分の身体の動かし方を考えて実行できるようになります。リズム運動を例にすると、それまでの年齢であれば、「足をもっと高く」「手をしっかり伸ばして」と保育者からいわれても、自分の身体がどうなっているかが明確につかめていないため、自分なりに足を高く上げたり、手をしっかり伸ばそうとするだけで、できていないこともしばしばです。

しかし四歳児になると、同じ指摘に対して、自分の足が上がっていないこと、手が伸びていないことを認識し、それを改善しようとします。その際に、「もっとこうしたらできるかな？」「ここをもったら大丈夫かな？」など、考えながら自分の身体を動かそうとします。まさに、自分の身体と対話しながら、自分で考え、できることに向けて努力しようとする姿が四歳児の特徴だといえます。

「わかる力」が、どのような活動の広がりや自信につながっていくのかについて考えたいと思います。

時間の流れや感覚がわかる——実感をもってわかることを大切に

四歳児になると、時間という目に見えないものについての感覚が育ってきます。「昨日」「今日」「明日」の理解についても、過去はすべて「昨日」、未来はすべて「明日」と表現されていたものが、「明日」と「明後日」、「昨日」と「一昨日」が区別されるようになるなど、時間の理解が進んできます。

時間の流れが理解できるようになる時期だからといって、それを形式的に教えこむのは適切ではありません。「昨日、こんなことしたね」「明日は運動会だね」など、経験や期待とつなげて、実感をもってわかることを大切にします。こうしたことをていねいに繰りかえしていくなかで、「これをして、その後にこれ」「○○の後に～」というように、時系列にそって考えることができるようになったり、少し遠い見とおしをもって先のことを期待してがんばることができるようになるのです。

時間に関心が出てくると、時計にも興味がわいてきます。「今何時？」とおとなにたずねたりもします。ここで、「これは、○時○分」「長い針が五のときには二五分」と生活と切り離して教えるのではなく、「長い針が七のところにきたら片づけよう」「長い針が一〇のところになるまでにつくろう」など、活動とつなげながら時間の感覚を育て、時計、数への関心をさらに育てていくことが大切なのです。

幼児期の「数がわかる力」は、数が数えられる力だけをさすのではありません。たくさんの数を数えられることだけを求めるのではなく、「三個ずつね」「あと一回ね」など、生活やあそびのなかで数に親しみ、実物と結びつけて理解できることを大切にします。これが、その後の量や数の認識の土台になっていくのです。

自分のまわりの事象への関心がいっそう高くなる——因果関係や理由が考えられる

自分のまわりの事象に対して、今まで以上に関心を寄せるようになるのも四歳児の特徴です。しかも、それまでのように「これなんていう名前?」「これ何?」という疑問だけでなく、「どうなっているのか?」「どうしたらできるのか?」など、しくみや原理についての関心が高まってきます。目に見える理解だけでなく、目に見えない理解、本質への関心に進んでいくのです。

それとともに、「〜だから〇〇」というように二つ以上のことを結びつけて考えるようになります。因果関係や理由を考えるようになるということです。それは経験に基づいていたり、偶発的なできごとから考えたりするため、科学的に「正しい」こととは違う場合もあります。おとなは、「間違えておぼえたらどうしよう」「正しいことを教えなければ」と思うあまり、その誤りを正そうとしがちですが、この時期は、「正しいか正しくないか」よりも「自分なりに関係や理由を考える」「二つのことを関連づけてみる」ということのほうが大切です。「自分なりの理屈」にしっかり耳を傾け、その発見に共感しながら、「知りたい気持ち」がいっそうふくらむように、そしてそれが五歳児での探究につながっていくように受けとめ、広げていく姿勢で接していきましょう。

興味が高まると、散歩、栽培や飼育などの活動も変わってきます。見慣れたもののなかにおもしろいものを見つけたり、「昨日より大きくなっているよ」「今日は元気がない」など、変化や違いに気づくことが多くなってきます。こうした一人ひとりの発見をみんなに伝えたり、交流していくことで、発見する喜びはいっそう大きくなるし、五歳児での「みんなで考える」「共同で探究する」態度へとつながっていきます。

ここまで、「わかる力」について述べてきましたが、こうした力は、身体や認識の面だけでなく、友だちの気持ちを考えたり、みんなと力をあわせたりといった、他者とのかかわりや集団的な活動へもつながっていく重要なものなのです。

第四節
他者との関係

四歳児は、集団のなかの自分を強く意識するようになる時期です。それは、保育園・幼稚園のグループやクラスにおける自分であり、家族のなかの自分でもあります。集団と自分の関係について意識するこの時期には、集団のなかでの自分についての実感や手ごたえが重要です。集団のなかで育つ「自分」について考えてみます。

四歳児にとっての集団——自分の価値を見つけられるかどうか

年齢にかかわりなく、子どもの発達にとって集団は常に重要なものですが、四歳児にとっては他の年齢とは違う意味をもちます。それは、「自分の存在を確証できる場所」という性格が強くなっていくということです。だからこそ四歳児にとっての集団は、大きな喜びや自信を育ててくれるものであると同時に、ときにつらく苦しく感じるものになる危険性をもっています。

その分かれ目は、集団のなかに自分の居場所が感じられるか、集団のなかで自分の価値を見つけられるかどうかにあります。

つまり、その集団が、子どもにとって安心でき、かつ自分の位置が感じられるものであれば、子どもに大きな喜びや自信をもたらしますが、もしも自分の位置や居場所が見つけられず、自分の必要性や大切さが感じられないと、集団でいることに苦しさを感じてしまうのです。そこで四歳児は、集団での自分を確認するためにさまざまな行動をとります。それは場にふさわしくない行動で現れることもあります。具体的には、みんなが集まったときに大きな声を出してしまったり、がんばらなければいけない場面でふざけが出たりという形で見られます。

四歳児の担任は、「四歳児らしい行動がとれるようになってほしい」「場面を理解して行動してほしい」と願うあまり、こうした行動をきびしく見てしまいがちですが、こうした行動をとおして子どもは、「集団と自分」の関係をはかり、確認しようとしているのです。

保育者は、「集団のなかの自分」を意識し始める時期固有の行動として理解し、受けとめながら、ふさわしい行動が見つけられるように援助します。

集団における自分の役割——四歳児のこだわりを理解した対応を

四歳児は、順番を抜かされたり、他児に先にされたりすると、ひどく怒ることがあります。おとなには、「それくらいのことで」「次にやればいいだけなのに」と見えることに、こだわってしまう姿も見られます。

それは、順番や役割が四歳児にとって「集団における自分」を確認する重要な手がかりだからです。だからこそ、自分なりにやろうとしたこと、自分の役割だと考えていたものを「とりあげられた」と感じたり、先にされたりするのは、単に「できなかった」「やれなかった」にとどまらない影響をもっています。

集団のなかの自分を見いだそうとするときに、その手がかりをなくしてしまうのですから、それは自分の居場所や価値がなくなったことにつながる大きなことなのです。

一歳児でも三歳児でも、やりたかったのにできなかったことに対しては怒ったりしますが、同じ「やりたかったのにできなかった」でも、四歳児にとっては、他の年齢とは違う「位置確認」ひいては「自分の価値確認」の意味をもつだけに、本人にとって重大なのです。だからこそ、そうしたこだわりや怒りが何からきているのかを理解した対応が求められます。

ただ、「そんなに怒らなくても」「交替ですればいいでしょ」というだけでは十分ではありません。それでは、四歳児固有の集団やそこでの役割に対する気持ちが受けとめられていないからです。「理解した対応」ということで、受容や共感が重要なことはもちろんですが、その内容への配慮が必要です。

四歳児より下の年齢であれば、「やりたかったんだね」「次はできるよ」という共感や見とおしが大切ですが、四歳児においてはそれに加えて、「みんなのためにしてくれようと思ったんだね」「これがいるって気づいてくれてありがとう」など、集団との関係で行動しようとしたこと、そのなかで自分を確認しようとしたことを認める声かけが必要になります。保育者が子どものそうした思いに気づいて認めることで、子どもは気持ちを収め、切りかえることができるようになるのです。

「みんなですること」に向けてがんばれるようになる――どうしたらいいかをいっしょに考える

自分にとって集団が重要性をもつにつれて、「みんなで～する」ことに向けてがんばれる姿が増えてきます。

三歳児までは、運動会でも発表会でも、自分ががんばること、ほめられることに力点がありますが、四歳児になると「みんなで～を成功させる」とか「全員で～する」といったことに力点が置かれるようになります。集団の目標が自分の目標になってくるのです。とはいっても、すべてがスムーズに進むわけではありません。五歳児のような自己コントロールの力も子ども同士での調整力もまだないので、がんばろうと思ってもふざけてしまったり、はずかしくなってしまったり、「ちゃんとやってくれない」といってはトラブルになったりもします。こうしたときに一方的に「みんなでがんばろう」「がまんしなさい」ということが押しつけられてしまうと、一人ひとりにとって集団が苦しいもの、つらいものになってしまいます。

そこで保育者は、そうした姿は「みんなですること」に向けての過渡期として当然の姿ととらえていくことが必要です。すぐにはうまくできなくても、みんなの目標が感じられるようになったこと、それに向けてがんばろうという気持ちが生まれてきたことを評価しながら、どうしたらいいかを具体的にいっしょに考え、明らかにしていくことです。それによって、見とおしも生まれ、安心してがんばれるようになるのです。

「友だちに認めてほしい」気持ち
――多様な価値を認められる集団を

集団のなかで自分を発揮し始めると、「認められたい相手」にも変化が出てきます。先生に認めてほしい気持ちは、四歳児にももちろんあります。「見て見て」と保育者にアピールし、認められると安心する姿があります。しかし、それだけではなくなるのが四歳児です。友だちに認められることで、おとなにほめられるのとは違う喜びや充実感を感じるといってもいいでしょう。

その際に大切なのが、価値の多様性、あるいはいろいろな認められ方が大切だということです。月齢差だけでなく得意・苦手などの個人差も明確になる四歳児においては、みんなが目標を同じように達成できることは現実的には非常に困難です。どの集団にも、みんなで取りくむ活動において、比較的短時間で習得できる子どももいれば、身体や心のかたさ、不器用さから時間がかかる子どももいます。早くできた子どもは他児から「すごいなぁ」「かっこいい」と認められ、憧れられるのですが、時間のかかる子どもは「がんばって」「もう少し」と応援され、励まされることが多くなります。時間がかかってできることが悪いというのではありません。それどころか、継続的に努力できることは本当に価値があることだと思います。みんなに励まされながらできたことが、本人にとってうれしくないということでもありません。励ましがあったからこそがんばれたという実感は、大切だと思います。

しかし、同時にいえることは、この「時間をかけてできたことのすばらしさ」が保育者だけではなく、子どもに伝わって、共有されているかどうかということです。

この時期には、「わかる力」がついてくることで、友だちの姿もよく見えるようになりますし、「できない自分がわかるからこそやりたくない」という思いも生まれやすくなります。だからこそ、いろいろなやり方や価値（同じことができなくても、あるいはゆっくりできることも大切）が認められるような活動内容や方法がくふうされる必要があります。

それは、時間のかかる子どもへの単なる「なぐさめ」であってはなりません。多様な価値が集団において認められていることが大切なのです。Aができることもかっこいいけど、Bでがんばるのもステキと全員が感じられることで、子どもが苦手なことに安心して取りくむことができ、それをやりとげたことでみんなに認められ、自信をもち、自分を確証することができるのです。

集団が育つ、集団を育てる——集団の質・あり方が発達に影響する

四歳児が「集団のなかの自分」を強く意識するようになる時期であると同時に、集団そ

のものが大きく育つ時期でもあります。

四歳児の子どもたちは、「わかる力」の育ちを土台に、役割を果たしたり、なかまに承認されたりして、自我を形成していき、その力は集団の発展にもいかされていきます。

子ども一人ひとりが、おとなに見守られ、他児とかかわりながら、自分らしく育ってほしいと思うのは、すべての保護者・保育者の共通した願いであると思いますが、そのためには、子どものまわりにどんな他者がいるか、どんな集団があるかが大きくかかわってきます。集団の質・あり方は、各自が意識する、しないにかかわらず、一人ひとりの発達に大きな影響を与えるのです。だからこそ、「集団のなかの自分」を強く意識して育つ四歳児にとって、どんな集団のなかで生活するか、どんな活動をとおして他者とかかわるかは重大な意味をもちます。

そのことの重要性自体は理解していても、「集団づくり」というと「特別なことをする」と考えられがちで、敬遠されがちですよね。でも、「集団づくり」は決して「特別なこと」ではなく、さまざまな活動をとおして子ども同士の関係を育てるという、保育において基本的なことです。他児といっしょに生活し、楽しいあそびをするなかで、子ども同士の関係をより豊かなものに育て、それとともに、一人ひとりを主体へと育てることです。

集団のなかには、まだあまりかかわりをもっていない子ども同士もいます。その場合は、子ども同士を結びつけることが必要になります。いっしょに生活しているなかで、一方的な関係（対等平等でない関係）が生まれることもあります。そんなときには、望ましくないかかわりを修正していくことも必要になります。

「集団づくり」という名前から誤解されることが多いのですが、集団を「つくる」ことが目的なのではなく、子ども同士の関係を、子どもの発達にとってより望ましいものにしていくのが集団づくりなのです。

グループをつくっていたら「集団づくり」？

集団づくりは「グループをつくること」だと考えられることも多いのですが、なぜ、グループをつくり、いっしょに活動させるのでしょうか。

それは、グループをつくることで安心できたり、今までとは違うかかわりが生まれたり、相手のことをよく知ったりということが大切だからです。関係を生みだしたり、発展させたり、変革したりする場がグループなのです。

集団づくりと聞くと「私にはちょっと」という方も、実は日々の実践のなかで集団づくりをしているのです。これまで行ってきたことを土台に、意識的に集団づくりを行っていくことが、他児との関係をつくりながら、一人ひとりの子どもを主体に育てることにつながるのです。集団づくりにおいて大切なことは次のことです。

①「居場所」をつくる

集団づくりでまず大切にされるのは、一人ひとりに安心できる「居場所」をつくることです。

「居場所」といえば、「誰にも傷つけられる心配のない保護の場所」という意味あいが強くイメージされますが、同時に、安心できるからこそ、「自分が出せる、挑戦できる場所」という意味でもとらえていく必要があります。

特に四歳児にとっての集団は、「自分の存在を確証できる場所」という性格が強くなるため、まずは集団に居場所があり、安心でき、自分を発揮できることが不可欠なのです。とはいえ、はじめから誰かに「与えられる」形で居場所が用意されているのではありません。居場所は、おとなから見守られながら他児といっしょに生活し、かかわり、承認されたり、支えられたりするなかでつくられていきます。子どもは、他児との相互承認的な関係のなかに居場所を発見するのです。

そして居場所がつくられることで、自分をいっそう発揮し、他児とともに育っていくのです。このことが、集団が育つなかで個人も育ち、個人のつけた力が集団の発展に反映されるということなのです。

②生活の主体に育てる

次に大切なのは、一人ひとりが生活に見とおしをもって過ごすことができるようにすることです。

「生活の見とおしは、ゼロ歳児や一歳児でももつことができるのに、なぜ四歳児で？」と思われるかもしれません。ゼロ歳児や一歳児では、毎日の安定した繰りかえしのなかで、次の見とおしが生まれ、意欲が生まれてくることを大切にします。まだ保育者によって構成され、整えられる生活のなかが中心になります。

しかし、四歳児における「生活に見とおしをもって過ごす」とは、自分たちで主体的に生活にかかわりながら、生活を創っていく、というところに力点があります。

具体的にあげると、それは四～六人でのグループ活動であったり、当番活動であったりという形をとることが多く見られます。「グループ（班）なら自分のクラスでもつくっている」「当番活動はやっている」という保育者は多いことと思います。

それではなぜ、グループをつくっているのですか？　当番活動をしているのですか？

グループがあること、当番活動をしていることが大切なのではありません。その目的が重要なのです。グループで相談して何かを決めることで、子どもたち一人ひとりは、対等平等な関係のあり方を経験し、話しあって解決する力が育ちます。

当番活動では、当番をやりきることをとおして、責任をもって役割を果たすことや協力する力、自分が誰かの役に立っているという実感（これは自己肯定感につながるものです）が育つのです。

話しあう、当番をするといった実際の活動をとおして、子どもたちを生活の主体に育てるのです。

集団づくりにおいて大切なこと
――みんなで決めるとはどうすることなのかを獲得する

集団づくりにおいて最も大切なことの一つが「民主的な合意形成」です。

こういうと、「むずかしそう」と感じられてしまうのですが、言い方を変えれば、「意見をいっても笑われたり、ばかにされたりしない」「誰の意見も平等に大切にされる」「みんなが納得して決める」「決めたことは協力して実行する」ということです。四歳児・五歳児の保育をする際に、どの保育者も大切にしていることにほかなりません。

四歳児は、五歳児のように自分たちだけで話しあいをして合意するのはまだむずかしいのですが、だからこそ四歳児から意識的に「民主的に話しあうこと」を教えていく必要があります。

まだ発達の途上にある子どもたちですから、ときには、自分の思いどおりにしようとしたり、力で解決しようとしたり、誰かの意見や思いを軽視して勝手に決めてしまうこともあります。それをとがめるというのではなく、そうではない関係や方法を教え、獲得させていくということです。相手の話をよく聞き、自分の思いを伝えることのできる子ども、互いの意見を、違いも含めて大切にできる子どもに育てるといってもいいでしょう。この点はおろそかにしてはならない課題だと考えています。

五歳児になって、自分たちで問題を解決することができるようになるために、四歳児においても、簡単なことからみんなで話しあって決めることを大切にしていきます。

そのためには、話しあって解決することの「手順」もていねいに知らせていかなければなりませんし、意見が違ったり、まとまらなかったときに、相手の意見を尊重しながら、どうしたらみんなが納得できるかという調整のしかたも教えていかなければなりません。抽象的に話しても理解できませんので、実際に何か（たとえばグループの名前など）を決めながら、「みんなに、何がいい？　って聞いてね」「多い意見のほうにすぐ決めないで、どうしてそれがいいか聞いてから決めてね」など、具体的にことばをかけながら、みんなで決めるとはどうすることなのかを知らせ、獲得させていきます。

こうしたていねいな過程をたどりながら、「みんなで話しあうと解決できる」「話しあうと楽しいことができる」といった、話しあって解決したことに対する肯定的なイメージづくりを大切にして子どもたちの関係を育てていくことが、四歳児には大切なのです。

子ども同士の豊かな関係づくりは、生活だけでなくあそびのなかでも育まれます。次節では、四歳児のあそびの世界を見ていきましょう。

第五節 あそび

四歳児は、生活に見とおしをもったり、相談しながら問題を解決することができたりという経験をとおして、関係を豊かにしていくということは前節で述べました。それに加えて、四歳児の関係の広がりや深まりに大きな役割を果たしているのがあそびです。四歳児のあそびについて、ことばの発達や知的発達と関連づけて考えてみましょう。

ことばの育ちがあそびを豊かにする

四歳児のあそびの発達を支えているのがことばの育ちです。四歳児は、話しことばが一定の完成を迎える時期とされ、三歳児までと比べて、ことばが豊かになってきます。それは、語彙数の増加にとどまりません。それ以上に重要なことは、前のことを思いだして話すことができたり、他児とやりとりを楽しむことができるようになったり、イメージを伝えあうことができるようになったり、ことばで自分の気持ちをコントロールできるようになったりすることです。

一歳児で生まれた「本人なりのつもり」は、なかなかことばで表現できないため、相手には伝わりにくく、トラブルにもなったりします。しかし、四歳児になり、思いにことばが「追いついてくる」ことで、自分の思いを自分のことばで表せるようになってきます。ことばで表してもらうことで、保育者だけでなく、他児も理解することができるようになります。こうしたことばの育ちが、「いっしょに〜する」という共同の取りくみができるようになることにつながっていくのです。

このことは、ごっこあそびのなかでイメージを共有して楽しむことや、ルールのあるあそびのなかで、相談したり、協力したりする姿として表れてきます。次に、四歳児のごっこあそびやルールのあるあそびがどのようなものなのかを見てみましょう。

イメージを共有してあそぶ——「ありえない世界」を楽しむ

ごっこあそびは、三歳児以下の子どもたちにとっても重要で楽しいあそびですが、四歳児のごっこあそびは、それまでとは違う特徴をもつようになります。第一に、数人のグループでイメージを共有してあそぶようになります。ことばを替えると、四歳児からのごっこあそびは、それまでよりも「共同性」や「組織性」をもったものになっていくのです。

イメージを描く力には個人差があり、豊かなイメージを描ける子どももいれば、イメージするのがあまり得意ではない子どももいます。しかし、個人差はありながらも、ことばでイメージを伝えあいながら、そこに共有が生まれ、楽しんであそぶことができるようになるのです。

第二に、イメージできる範囲が広がり、あそびにも広がりが生まれてくるということです。四歳児までは、自分が直接経験したことをもとにイメージを描きますが、四歳児になると、直接経験したことのないことでも想像することができるようになります。たとえば、友だちの話を聞いたり、絵本などのお話をもとにしたりして、そこからイメージをふくらませることもできるようになります。そのため、三歳児までのごっこあそびは、直接経験をもとにした身近なものがテーマになることが多いといえます。ままごと、お店屋さんごっこ、乗り物ごっこなどが典型です。物語やお話から生まれるごっこあそびでも、その対象は自分の身近なもので、カエル、ダンゴムシなど、生活のなかで見たり、ふれたりしたことのあるものが中心です。つまり、三歳児までは、「生活のすぐとなりにある虚構」「ほんとうのすぐ横にあるウソッコ」の世界が、ごっこのなかで展開されます。

それに比べて四歳児からは、直接経験したことのないことや、身近ではない対象を思い描いて楽しむようになります。絵本や物語についても、現実世界とはかけ離れた、見たこと、聞いたこと、経験したことのない（できない）世界を楽しむようになります。生活経験からくるイメージとは違い、他児のことばやお話のことばを手がかりに、直接経験に基づかなくてもイメージを描くことができるのです。

四歳児後半から五歳児では、オバケ、魔女などに代表される「異質な存在」が出てくる冒険ごっこや探検ごっこを楽しむようになります。同じ「異質な存在」が登場するあそびでも、二歳児ころの敵対する存在としての「対立物」とは違った楽しみ方になります。ちょっとこわいけど魅力的なキャラクターと交流や対決を楽しむ冒険ごっこや探検ごっこは、まさに、イメージの力で「ありえない世界」を楽しむ幼児期後半ならではの姿だといえるでしょう。

求められる役割を楽しむ

四歳児のごっこあそびは、多様な役割が生まれてくることにも特徴があります。三歳児までは、自分が「そのつもり」であれば楽しかったので、あまりいろいろな役割がなくても十分に楽しいのです。しかし、四歳児になると役割をもって、それをふさわしく実行することに楽しさと喜びを感じるようになります。お店屋さんごっこなら「いらっしゃいませ」「これください」「一〇〇円です」といった役割にふさわしいやりとりを楽しみ、またそれを他児にも求めるようになります。

こうしたやりとりやかかわりのなかで、複数の子どもが同じことをやりたくてトラブルが起こることもありますし、お店屋さんなのに「いらっしゃいませ」といわずに品物を渡そうとして、「お店屋さんはちゃんと〝いらっしゃいませ〟っていうんだよ」と他児にいわれてしまうこともあります。低年齢のときには、ままごとのなかにお母さん役が何人いても平気でしたが、四歳児になれば「お母さんは一人」「〇〇ちゃんは△△になって」と全体を考えた役割を設定し、実行するようになります。自分が楽しい・自分がしたいことをするごっこあそびから、求められる役割・行動をするごっこあそびへと発展していくのです。

とはいっても、一方的に「～しなさい」「お店屋さんなんだから…」とふさわしい行為・行動をすることを子どもに押しつけてしまっては、せっかくのごっこあそびが楽しくなくなってしまいます。一人ひとりが、自分がやって楽しいこと、自分がしたいことを十分に楽しみながら、他児とのつながりをつくり、やりとりをしながら、役割も意識してあそべるように援助していくことが必要なのです。

ルールを守って、競って、楽しくあそぶ

四歳児にとって重要なもう一つのあそびがルールのあるあそびです。四歳児は「ルールを守ってあそぶ年齢」であるといわれます。その意味で、ルールのあるあそびをみんなで楽しむのに最適な時期であるといえます。四歳児は、知的能力が発達し、「わかる力」が育ってきますが、このわかる力がルールのあるあそびを可能にしています。ルールのあるあそびにおいては、ルールを理解し、状況を把握し、自分の行動をコントロールすることが求められるからです。また、ルールのあるあそびは「対立を楽しむあそび」といわれ、勝敗をともなうことがほとんどです。だからこそ、知恵をしぼり、くふうしてあそぶことが楽しいのです。

この力や行動は、個人に求められるだけでなく、集団にも求められます。チーム対抗のあそびでは、一人ひとりがルールを守ればいいのではなく、みんなで守らなければあそべません。さらに、勝つためには、相談したり、作戦を立てたり、協力したりしなければなりません。最初から上手に相談したり、協力したりはできませんので、勝手な行動をとったり、相手をひどく批判してしまったり、衝突したりします。そこで、そのつど話しあって「どうしたらいいか」を考えさせていくなかで、少しずつ相談したり、協力したりしな

がらルールを守ってあそぶことができるようになるのです。ルールのあるあそびはルールを守ることが目的ではありません。ルールを守って楽しくあそぶことができるという経験が大切なのです。

あそびが気持ちを一つにする

四歳児の子どもたちがイメージを共有しながら楽しくあそぶ姿を紹介しながら、四歳児にとってのあそびの大切さについて、もう一度考えてみましょう。

実践Ⅰ――『にんじんばたけのパピプペポ』のごっこあそび

はじめに、大阪・ひむろこだま保育園の『にんじんばたけのパピプペポ』のごっこあそびを紹介したいと思います。

実践の発端――子どもの実態

四歳児の子どもたちは、じっとしていることができず、走りまわったり、話が聞けなかったり、けんかが絶えない姿がありました。こうした状況のなかで、どうしても大きな声で注意することが多くなっていました。保育者は、それでは子どもたちには何も残らないと考え、何かがあるたびにみんなで話しあうことを大切にして保育をしてきました。また、それとともに大切にしてきたことが生活づくりやあそびでした。みんなで共感しあえるなかま関係を育てることをねらいとして、絵本・栽培活動・あそびをつなげた活動に取りくむことにしました。

育てる活動と絵本の世界を楽しむ

子どもたちは、『にんじんばたけのパピプペポ』の絵本に興味をもち始めました。そこで保育者は、畑づくりをとおして野菜の成長を見守りながら、『にんじんばたけのパピプペポ』の世界を深め、共有のイメージをもってあそぶことで、共感しあえるなかま関係を育てたいと考えました。子どもたちに「何を植えたい？」とたずね、きゅうりやナスといった夏野菜とともに、にんじんも栽培することにしました。

毎日水やりをしたり、野菜が育つようすを観察したりしながら、みんなで大切に育てていきました。収穫した野菜をみんなで調理して食べました。『にんじんばたけのパピプペポ』の絵本に、にんじんには元気のもとになる「にんじんパワー」があることを知り、運動会に向けてみんなで食べてリハーサルに臨みました。育てる活動と絵本の世界を楽しむことをとおして、子どもたちのなかに共感関係が育ってきました。

『にんじんばたけのパピプペポ』のごっこあそび

「にんじんパワー」で運動会をがんばった四歳児たちは、ますます『にんじんばたけのパピプペポ』が大好きになっていきました。そこで、絵本に登場するぶたさんと手紙のやりとりを楽しみながらのごっこあそびが始まりました。

ある日、ぶたさんから地図と手紙が届きます。子どもたちは、「ぶたさんに会いたい！」と、ぶたさんの家探しの散歩に出かけました。グループで一枚の地図をもって出かけるのですが、取りあいになったり、いいあいになったりする姿もありました。しかし、共有のイメージと手紙のやりとりの楽しさに支えられて、「ぶたさんに会いたい！」という共通した思いをもってぶたさんの家探しをしました。ぶたさんに会うことはできませんでしたが、無事、ぶたさんの家を見つけることができ、みんなで喜びを共有することができました。

このあそびはその後、生活発表会での劇にもつながっていきました。生活発表会当日は、みんなで『にんじんばたけのパピプペポ』の劇に取りくみ、力をあわせて行うことの大切さ・すばらしさを感じることができました。

実践Ⅱ——「みんなで〝かぐや〟を助けたい」

次に、愛知・こすもす保育園で実践された「とらわれた〝かぐや〟を助ける」あそびについて紹介します。

あそびのはじまり

このあそびは、人形にされた〝かぐや〟と出あい、「私を助けて！」という手紙を受けとったことから始まりました。手紙を見ると、〝かぐや〟は〝からす天狗〟によって人形にされてしまったことがわかりました。〝かぐや〟を助けるには、①天狗ゲタに乗る、②かぐら鈴をとる、③かぐら鈴で天狗をやっつけるということが必要で、さらに、人形にされた〝かぐや〟に対して④ミルクを飲ませる、⑤身体を拭く、⑥夜いっしょに寝る、というお世話が必要なこともわかりました。保育者は、子どもたちに投げかけ、みんなの気持ちが一致して〝かぐや〟を助けることになりました。

〝かぐや〟のお世話が始まる

みんなで話しあいをして、お世話のしかたを考え、順番で〝かぐや〟の世話が始まりました。「夜いっしょに寝る」というお世話が含まれているため、順番に家に連れて帰り、次の日にようすを報告することになりました。

みんなが楽しんでお世話をしているように見えるなかで、「本当はこわい」という思いをもつ子どもの存在が明らかになってきました。その子どもにとっては、家に人形を連れて帰るのも本当はこわくて、母親に「ノートに、預かれないって書いて」というほどでした。保育者は、この子どもの思いをみんなに伝えることにしました。

みんなで話をするなかで、この子どもが「困っていることがある」と発言し始めました。みんなが、「困ってるの？　いってみな」といってくれて、「ちょっとこわいんだ…でもがんばりたい」と自分の思いを話しました。他児からも「私も本当はこわいの、気持ちがわかる」「ぼくもはじめはこわかった。でも〝かぐや〟を助けたいなって思って…」「こわいけど、みんなの話を聞いたらできそうかなと思って…」などの思いが次々に出されました。みんなの「本当はこわい」「でも助けたい！」という思いを受けて、お世話の順番を組み直しました。このことが「みんなで〝かぐや〟を助けたい！」という気持ちをいっそう強くしました。

〝かぐや〟を助ける！——天狗ゲタに挑戦する

八月になって、いよいよ天狗ゲタに乗ってかぐら鈴をとることに挑戦することになりました。一番小さく、転ぶことへのこわさからなかなか足が前に出せない子どもに対して、他児が「〝かぐや〟を預かるときもこわかったけど、できたじゃん。天狗ゲタもきっとできるよ。いっしょに練習しよう」と励ましました。「〝かぐや〟を助けたい！」という気持ち、お世話できた自信、友だちの励ましや支え、これらが重なりあって、みんなで練習に取りくみ、乗れるようになっていきました。当日は二三人全員がゴールし、かぐら鈴の魔法が解けました。天狗から「よくやった。くやしいが金の粉のありかを教える」ということばをもらい、〝かぐや〟をもとの姿に戻すことができました。

共通した思いをもとにみんなで一つの目標をめざす

二つの実践、いかがでしたか？　いずれの実践も、イメージの共有、虚構の対象との交流、対象への思いを支えに、葛藤を乗り越えながら、なかま関係を深めていく姿が感じられたのではないかと思います。

四歳児という時期は、変化や違いに気づく力が高まったり、みんなで話しあって決めることができるようになったり、「みんなで生活発表会をがんばる」など、少しむずかしいけど手ごたえのあることに価値を感じるようになります。だからこそ、発見すること、話しあって決めること、みんなで一つの目標をめざしてがんばることがあそびにもいかされ、大切にされなければならないのです。ぶたさんとの手紙をとおしての交流を楽しむ姿、「〝かぐや〟を助けたい」という共通した思いで天狗ゲタに挑戦する姿、こうしたことが、四歳児のあそびの醍醐味《だいごみ》なのだと思います。

第六節 保育者の役割

ここまで、四歳児という時期が、知的な発達を土台にしてことばや自己コントロールの力が大きく育ち、あそびが広がる時期であることについて述べてきました。最後にもう一度、乳幼児期における四歳児の独自性や重要性について述べながら、四歳児の保育における保育者の役割について考えます。

「本当ではない世界」をみんなで楽しむ機会の保障を

前に述べた二つの実践に見られるように、みんなでイメージを共有しながら、虚構の対象との交流を楽しみ、なかま関係を深めていくのが四歳児です。同じように虚構の世界を楽しむといっても、三歳児までは「生活のすぐとなりにある虚構」の世界が中心です。園庭や散歩に出かけた公園で出あった昆虫、カエル、カラスなどといった身近な対象が登場するお話を楽しんだり、ごっこあそびをしたりします。

それに対して四歳児以降では、「生活とは大きく違う虚構」を楽しむようになります。『おしいれのぼうけん』の〝ねずみばあさん〟や『めっきらもっきら　どおんどん』の〝おたからまんちん〟など、お話のなかに出てくる魅力的なキャラクターが、対決や交流の対象として登場してきます。前節の実践でいえば、お話のなかのぶたや〝かぐや〟など、実在しない対象をイメージし、それとの交流を楽しむことができるようになるのです。

このことを支えているのが目の前にない、実在しないものをイメージする力であり、それを楽しむ力です。一般的に、子どもは未熟だから、現実（ホント）と虚構（ウソ）の世界の区別がつかない、と考えられがちですが、それは違います。この時期の子どもたちは、「ホントの世界」と「ウソッコの世界」の区別がついています。区別をしたうえで、あえて「本当ではない世界」を楽しんでいるのです。四歳児という時期に、存在しない世界をみんなで楽しむ機会を十分に保障することが、保育において重要なのです。

守れない、気持ちがコントロールできない
――ルールをめぐるトラブルへの対応①

乳幼児期全体における四歳児の独自性の一つとして、ルールや自己コントロールの獲得があげられます。三歳児までに身につけた生活の見とおし、友だちとあそんだ楽しい経験などを土台に、ルールを守る・気持ちをコントロールするということに本格的に取りくんでいくのが四歳児です。

ルールや自己コントロールの獲得をめぐっては、どうしても「守れない」「気持ちの切りかえができない」子どもの存在に目が向きがちです。「守らせなければ」「がまんできるように」ということに必死になってしまいがちですが、みんながルールを守って快適で楽しい生活を送ることができるように、獲得に向けてのていねいな指導や見守りが必要です。

獲得に向けて大切なことは、子ども自身の「理解」「納得」「見とおし」です。具体的にいえば、わからないから守れないことも多いので、ルール自体をしっかり理解させることがまず必要です。そのうえで、自分なりに納得して守ろうとすることを大切にし、「いったん片づけるけど、ご飯を食べたらまたあそべる」「今はできないけど、順番を待っていれば自分もできる」といった見とおしをもって気持ちに折りあいをつけ、切りかえることができるように援助していくことが大切なのです。

言いつけ、きつい言い方
――ルールをめぐるトラブルへの対応②

また、四歳児で多いのが、「言いつけが多い」といった保育の悩みや「きつい言い方をする」ことにかかわってのトラブルです。他児のあまりの剣幕に、ルールを破った側が驚いて泣いてしまったり、いいかえしてケンカになったりという姿が、四歳児にはよく見られます。

保育者としては、言いつけて終わりではなく、自分たちで話しあって解決できるようになってほしい、ルールを破ってしまった友だちに、やさしく、諭すように注意してあげてほしいと思うものですが、それは簡単なことではありません。ここで、「先生にいうだけじゃなくて自分たちで解決しなさい」と突き放したり、「もっとやさしくいいなさい」というだけでは十分ではありません。なぜ言いつけにくるのか、なぜきつい言い方をしてしまうのかという理由を理解したうえでのかかわりが重要になります。

言いつけやきつい言い方は、四歳児なりの「守ろうという意識」の表れです。つまり、自分なりに守ろうとしている、他の子にも守ってほしいと思っているからこそ、守っていない子がいると「○○ちゃんが~した。先生怒って！」と言いつけに来たり、「それ違う！そうじゃない！」「△△ちゃん、~しちゃだめでしょ！」ときつい言い方をしてしまうのです。

保育者は言いつけやきつい言い方に対して、その行動だけに目を向けて注意するだけではなく、「みんなで決めた約束を守ってほしかったんだよね」「○○ちゃんに教えてあげようとしたんだね」など、「守ろうという意識」を大切にしてかかわります。そのうえで、見本も見せながら、どのように解決したらいいか、どのように話したら伝わるかを教えていきます。言いつけなら、はじめは保育者が解決しますが、「いっしょに○○ちゃんにいおうね」「先生がいっしょに行ってあげるから自分でいってみようね」など、徐々に子ども同士での解決に移行していくように援助します。

いつまでも保育者が解決していると、言いつけはなくなりません。それは子どもに「解決者は先生」「いったら自分の役目は終わり」という気持ちがあるからです。解決の姿を見せながら、子どもたちを解決者に育てていくかかわりをとおして、子どもは言いつけから卒業し、自分たちで解決できるようになっていくのです。

「がんばろうと思うけどはずかしい」からのふざけ
――ルールをめぐるトラブルへの対応③

運動会や発表会などの取りくみで、それまでにはなかった姿が当日に出ることがあります。練習までできなかったことが当日できる、当日が一番みんながそろって踊れるなどといったことも多いのですが、逆に、今までがんばれていた子がふざけてしまったり、出られなくなったりということも起こります。それまでいっしょに取りくんできた保育者からすれば「なぜ今日にかぎって」という思いになりますが、それは「たまたま」ではないのです。四歳児という時期が引き起こす典型的な姿なのです。

みんなでがんばろうという気持ちはあっても、思いがずれてしまったり、気持ちがくじけてしまったり、ふざけが出たりすることがあることについては先述しました。四歳児は、「わかる力」が高くなる時期なので、おとなが考える以上に自分のおかれた立場、まわりの期待を感じとります。その意識や期待が支えになってがんばれるのが五歳児なのですが、四歳児はまだそこまではいきません。役割の大切さがわかるからこそこわくなったり、期待がわかるからこそ見られるとはずかしくなったりします。そのこわさやはずかしさが「出ない」「ふざける」という行動に出てしまうのです。いわば、心のなかの葛藤を抑えるための行動でもあるわけです。

こうしたまわりが見えてくるからこその行動に対して、特に保護者は、「なぜ出られないの？」「大事なところでふざけるなんて！」という気持ちになるのも無理のないことです。そこで、四歳児という時期が、「がんばろう」という気持ちと「はずかしさ」の間で葛藤する時期であること、そうした揺れを経験しながら、五歳児での「はずかしくてもがんばれる」姿に育っていくということを、保護者と共有することが大切です。三歳児のように「根拠のない自信」に満ちあふれてもいないし、五歳児ほど気持ちをコントロールできないのが四歳児です。この過渡性を理解してくれるおとながいることで、四歳児は安心するのです。

五歳児への憧れが四歳児を発達させる

最後に、四歳児の発達の原動力である五歳児への憧れについてふれたいと思います。保育園・幼稚園において、年長児である五歳児は、すべての年齢にとって憧れの存在です。しかし、四歳児にとっては、他の年齢とは違う特別な意味をもった存在だといえます。それは、単なる憧れを超えて、明確な「なりたい自分像」「めざす姿」だからです。五歳児の姿を見て、「あんなことをしてみたい！」「あんなふうになりたい！」という思いをもつことが四歳児を成長させます。

四歳児の保育者は、五歳児の保育者と連携しながら、四歳児が五歳児の姿に目を向ける機会をつくり、憧れを育てていきます。憧れをもち、「やってみたい」という気持ちがめばえたら、相談しながらできることから挑戦していきます。五歳児に教えてもらう機会をつくるのもよいでしょう。

だからといって、ここでできなければならないというわけではありません。できないからこそ、「年長さんってすごいな」「僕たちも年長さんになったらできるかな?」と憧れがいっそうふくらみ、大きくなることへの期待感を高めてくれるのです。保育者は、「五歳児さんみたいにやっていきたい」という気持ちに寄りそいながら、大きくなることへの期待感を育てることを大切にしてかかわることが求められるのです。

第三章 五歳児の発達と生活・あそび

第一節 五歳児とは

五歳児は、幼稚園・保育園では「年長さん」としてみんなに憧れられる存在です。保育者にとっては、「こんなこともしてみたい」「こんなこともできる」と保育の夢と期待が広がります。保護者からすれば、「来年は小学校」という意識が強く、期待や不安がたくさん出てくるときでもあります。ただ、こうした期待の高さから、保育者にも保護者にも「こうでなければ」「これができるようにしなければ」とあせりが生まれやすく、ついつい指示や強制が多くなりがちです。ここでは、五歳児の全体像・特徴について学びながら、五歳児において大切にしたいことを考えていきたいと思います。

五歳児にいろいろな問題が発現している

就学を翌年に控え、「年長さん」になった喜びと自信にあふれているように見える五歳児ですが、近年、五歳児の保育のむずかしさが至るところで聞かれるようになりました。それぞれに個別の事情は存在すると思いますが、共通して見受けられるのは五歳児の「幼さ」です。何に対しても自信がなかったり、自分の力でやりとげてほしいと思うことができなかったり、問題やトラブルを自分たちで解決できなかったりと、現れ方はさまざまですが、五歳児の育ちに気になることが増えてきています。

気になる姿の代表的なものとして「心と身体のかたさ」と「気持ちの切りかえ・自己コントロールの未発達」をあげることができます。「心と身体のかたさ」は、自信がない、消極的で自分からやろうとしない、失敗を恐れるといった行動として見られます。そうした子どもも、新しいことに興味がないわけではないと思うのですが、いざやってみようというときになると、「やりたくない」といったり、こわさが先に立って一歩が踏みだせなかったり、「これでいいの？」と確認しなければできなかったりという姿になって現れてきます。「気持ちの切りかえ・自己コントロールの未発達」でいえば、少しのことで気持ちがくずれやすく、いつまでもグズグズしたり、すねたり、暴力や暴言につながったりしています。

おとなはどうしても五歳児として期待するあまり、「それぐらい大丈夫！」「どうしてやらないの？」などと、活動や気持ちの切りかえをうながそうとしがちです。しかし、そのことでかたい心と身体がますますかたまってしまい、よくない状態が長引くという結果に陥りがちです。

五歳児の「心の揺れ」

こうした姿を考える際には、「五歳児なのに」ではなく「五歳児だからこそ」という視点が重要です。つまり、五歳児だからこそ、年長児だからこそ、他の年齢とは違う複雑な思いが生まれ、それが自信や意欲のなさに見える行動につながるということです。この他の年齢とは違う複雑な思いとは、「年長児らしくありたい」「お兄さん・お姉さんでありたい」という気持ちと「できるかな?」「できなかったらどうしよう?」という不安との間の揺れから生まれる思いなのです。

それに加えて、他者と比べて自分について考えたり、違いに気づく力もついてくるし、競う気持ちも強くなります。他の年齢より「~でありたい」という思いが強いぶんだけ、そして、先のことを考える力が育ち、まわりからの期待を感じるぶんだけ、二つの気持ちの間で揺れるのです。五歳児の保育は、この揺れる気持ちを否定したり、軽視したりせずに、理解することから始まるのです。

これまでとは違う課題に挑戦する時期

五歳児に心の揺れが見られるのには、求められる課題が格段にむずかしくなることも大きくかかわっています。五歳児という時期は、個人としても集団としても新しい課題に挑戦する時期であるため、四歳児に比べるとぐっとむずかしい課題に挑戦することになります。「むずかしい課題に挑戦する」というのは、できないこと・わからないことを強制させられるということではありません。四歳児までにつけた力を土台に、これまで以上に理解や認識の力、継続的な努力、自己コントロールの力、他者との協力などが必要となる課題に挑戦するということです。いわば、一人ひとりが努力しながら、少しむずかしい課題に向けて、なかまとともにがんばることを経験する時期なのです。

こうした少しむずかしい課題に向けてなかまとともにがんばるなかで、それまで特に気になる姿が見られなかった子どもに、「育ちそびれ」が見えてくることがあります。それは、五歳児になって少しむずかしい課題に取りくむなかで、それまで見えなかった各自の課題の未達成が発現するためです。たとえば、みんなといっしょに活動できていると思われていた子どもが、五歳児になって活動に参加しにくくなることがあります。このことで認識面に弱さがあり、指示がよくわかっていなくて、他児の姿を見てあとについて活動していたことに保育者が気づくという場合などがあげられます。また、他者との関係が良好で、心配ないと思われる子どもが、実は受身で、自分から働きかける力が育っていないという場合もありえます。

保育者にすれば、「これまでていねいに保育を積み重ねてきたのに…」とショックなことだと思います。しかし、幼児期のまとめの時期に、その子どもにとって、育ちきれていないことや課題が明らかになったことを大切にして、その課題に取りくむことができるような保育が求められるのです。

就学に向かう時期

五歳児は就学に向かう大切な時期ですが、それは決して「就学のための」「就学準備の」時期ということではありません。幼児期に必要な活動を経験し、自信をつけて新しい児童期・小学校教育へと羽ばたいていくための時期です。だからこそ、「学校に行って困らないように」ではなく、「自信と期待をもって学校生活に向かえる」心身の状態をつくることが、五歳児の時期には不可欠なのです。

就学を目の前にすると、おとなはどうしても、じっと座っていられるか、静かに先生の話が聞けるか、文字が書けるか、などといった具体的で目に見えることが気になってきます。そのため、保育園・幼稚園で、急に「学校的な」生活をさせようとしてしまったり、「イスに座らせてほしい」「字を練習させてほしい」などのように、保育園・幼稚園に「練習」的なものを求める保護者も多くなります。

「小学校に行って大丈夫か」という不安から具体的なことが気になる気持ちはよく理解できますが、だからといって強制的に「学校的な」練習をさせても、必要な力は急には育ちません。

就学を見とおして五歳児の時期に必要なこととしては、生活習慣を確立し、主体性を身につけさせること、学習に向かう基礎的な力を育てること、自己コントロールの力を育成すること、そしてそれらを土台に「集団のなかでの自分」として行動できる力を育てることなどがあげられます。即効性のあるものではないので、就学に不安をもつ保護者にとってはまわりくどく思われるかもしれませんが、自信をもって就学を迎えるためには重要なことです。それぞれの詳細については、後に改めて述べたいと思います。

「集団的活動」のなかで育つ

「集団のなかでの自分」として行動できることの大切さは先に述べましたが、それには、集団的活動を経験することが必要です。なかでも大切にしたいことの一つが、話しあいをとおして自分たちで問題を解決する力を育てるということです。

四歳児の章でも、みんなで話しあうと解決できる、話しあって決めると楽しいことができるといった、話しあって解決したことに対する肯定的なイメージづくりが大切であることは述べました。五歳児ではそれをいっそう進め、実行・実感できるように保育をする必要があります。

だからといって、ただ話しあいだけをさせればいいというわけではありません。話しあう以外にも五歳児には大切な活動がたくさんあるからです。どんなことについて話しあうのか、どのように話しあいを援助することで問題を解決する力を育てることができるのかが大切なので、この点についても後で述べたいと思います。

第二節

基本的生活

五歳児では、時間の流れで考えられるようになったり、多面的に事象をとらえることができるようになるなど、さらに認識が発達すること、それが書きことばの基礎になったり、他者にあわせた接し方にもつながることを先に述べました。こうした考える力の育ちは、保育園・幼稚園での生活にもいかされてきます。今回は、流れや状況を考えることができる力の育ちを土台に、当番や役割に取りくみながら生活主体に育っていく五歳児の姿について考えていきます。

社会的・集団的な生活の主体へ

子どもにとって、保育園・幼稚園の年長児になるということは、おとなが考えるよりもずっと「特別」なことです。しかもそれは、これまで見てきた年長児への憧れ、「大きくなった自分」に対する誇り、「去年の年長さんみたいにちゃんとできるかな」という不安など、さまざまなものが入り混じった複雑なものです。

こうした喜びは、四月になってから急に生まれるわけではありません。それどころか、ずいぶん前から始まっています。園によっては卒園児から四歳児（次の年長児）へ、「来年はがんばってね」と、当番や役割のバトンタッチを行うところがあると思いますが、その時点から「年長児になることの喜び」として始まっているのです。

こうした喜びを大切にしながら、生活の主体に育てていくことが五歳児保育の重要な課題になります。ここで述べる「生活の主体」とは、単なる自分自身の身辺自立だけをさすのではありません。身辺自立はそれより以前の課題であり、すでにできるようになっている子どもがほとんどです。五歳児の「生活の主体」は、もっと社会的・集団的なものであり、考える力を必要とするものです。つまり、クラス全体、ひいては園全体の生活に見とおしをもって、必要な行動（当番や話しあいなど）をやりとげることなどを意味しています。まさに、「五歳児にしかできない」課題だといえるでしょう。

生活の主体として必要な力とは

それでは、「生活主体である」「生活主体になる」には何が必要なのでしょうか？

一人ひとりが生活の主体に育っていくためには、①見とおしをもつ力、②段取りを考え、準備する力、③気持ちをコントロールする力、④他者と協力する力など、総合的な力が必要だと考えられます。

逆にいえば、保育において、生活主体に育てることに意識的に取りくむことは、これまでの園生活を見直したり、蓄積した力を再確認したりすることにつながるのです。それが結果として、就学という新しい世界の一歩手前での「乳幼児期の総見直し」になるともいえるでしょう。

前述の力のなかでも、「段取りを考え、準備する力」は、五歳児が生活主体に育っていくうえで非常に重要だと考えます。四歳児も、目の前のことについて「今何をしなければならないか」を考え、行動することができます。しかし、これから起こること、今から取りくむことについて、「何が必要か？」「どういうふうに取りくんでいったらいいか？」を考えるには、イメージする力、目標や結果からさかのぼって考える力などが不可欠であり、高い認識力が要求されるため、四歳児ではむずかしいことも多いのです。五歳児は、「こんなときどうする？」「もし、やってくれなかったらどうする？」など、起こりうることを予想しながら、考えて準備をすることができるようになります。段取りを考えて準備し、やりとげていくことで、生活に主体的にかかわれるように育っていくのです。

理由・意義を明確にして伝える――「わかったからがんばれる」五歳児

子どもを生活主体に育てるうえで大切にしなければならないことは二つあります。

一つは、理由・意義を明確にして取りくむということです。自分たちのことを自分たちで行う、園全体にかかわる当番をするなどの際に、ただ「やりなさい」と指示・強制するだけでは五歳児はできません。「なんで?」と反発したり、上手に手を抜いたり、押しつけあったりします。逆に「これは大切なことである」とわかれば、困難を乗り越えてでもがんばろうとするのが五歳児です。

それは、五歳児が「価値を求める年齢」だからです。「価値を求める年齢」とは、何かに取りくむ際に、ただやればいい、できればいいのではなく、「上手にしたい」「かっこよくやりたい」「きれいに仕上げたい」など、よりよいものをめざすということです。五歳児が勝負にこだわったり、「もう少し、もう少し」と完成度や仕上がりにこだわったりするのも、こうした気持ちの表れなのです。

だからこそ保育者は、今から取りくもうとすることがどのような意義があるのか、なぜしなければならないのかを、きちんと子どもに伝える必要があります。それは、保育者が意義を話すことだけをさすのではありません。「自分たちがしなかったらどうなるのか?」「どうして大切なのか?」などと子どもたちに投げかけ、いっしょに考えていくことが大切なのです。

ある園の例を紹介します。A保育園では、五歳児になったらグループでホールの掃除を担当します。五歳児になった当初、子どもたちは本当に張りきって掃除に取りくんでいたのですが、当初の気持ちが薄れると、徐々にいい加減に掃除をするようになっていきました。そういう姿が見られると、保育者は「ちゃんとしなさい」「年長さんなんだから」と注意したり、「がんばろう」と激励したりします。それが悪いというのではありませんが、それだけでは一時的には改善しても、同じことが繰りかえされてしまいます。

この園では、子どもたちの掃除のしかたを見た職員（保育士ではなく、調理担当者でした）が、このホールでは乳児がハイハイすることもあることを話したうえで、「ゴミが落ちていたらどうなる？」と問いかけました。それに対して五歳児の子どもたちは「口に入れちゃう」「おなか痛くなるかも」と答えました。五歳児の子どもたちはその話しあいをとおして、自分たちの当番が、乳児さんたちを含めて園のみんなにかかわる大切な仕事をしていることを再認識し、再び張りきって掃除をするようになりました。

大切なのは、この話しあいをとおして、当番に対する意識が変わっていったということです。はじめはただ「かっこいいからやりたい」という気持ちだけだったのに、理由と意義を理解した「誇りのある仕事」としての認識へと変わっていったのです。そのことで、おとなから「ちゃんとしなさい」といわれてするのではなく、自分たちで「ちゃんとしなければ」と気づいて行動するようになっていったのです。これこそがまさに、「わかったからがんばれる」「みんなのためにがんばれる」という五歳児のすばらしさなのです。

子どもの考えや方法を尊重すること

おとなが大切にしなければならないことの二つめは、子どもたちの考えを尊重し、子どもたちで考えた手順や方法を承認することです。「年長児としてがんばりたい」という思いはあっても、実際にやってみるとできないこともたくさんあります。おとなから見ると、手順も段取りも準備も十分でない場合も多く、やってみてから気づくことも多々あります。

そんなときおとなは、ちゃんとやりとげさせたいと思うあまり、「こんなふうにしたら？」「これはいらないの？」と声をかけたくなります。しかし、おとながいってくれることを実行しているだけでは、自分で考える力や十分でないときに修正していく力は育ちません。危険なことや保育に重大な支障をきたすことでなければ、子どもたちの考えや方法を尊重してやらせてみることも大切です。もちろん、うまくできるときもあれば失敗してしまうこともあります。大切なのはやってみた後です。うまくできたときには何がよかったのかを考え、失敗したときには、何が悪かったのか、次はどうしたらいいのかを考えることが、自分たちで考えること、先を見とおすこと、段取りを考えて準備することにつながっていくのです。

生活主体としての育ちに、考える力や見とおす力が重要であることから、改めて五歳児保育における「考えることの大切さ」を感じました。考える力が最も発揮される五歳児の話しあいについては、子ども同士の関係、集団づくりのところで述べたいと思います。

集団的達成感から自己肯定感へ

五歳児にさまざまな問題が発現している、ということは先に述べました。保護者・保育者からすれば、「年長だから」「来年は小学校だから」と、ついつい期待も大きくなるので、問題が現れるたびに、昨年の五歳児と比べてしまったり、「大丈夫かな？」「次は一年生なのに」と思いがちです。

しかしそこで、「できること」「五歳児らしく行動すること」を性急に求めてしまうと、本当に五歳児として形成すべき力が獲得できません。それだけでなく、「できなさ」を強く意識させられることで消極的になったり、自己評価が下がったりして、学童期への接続としても望ましくありません。五歳児が「自信をもつ」「自己肯定感を形成する」ことに不可欠な豊かな集団的活動と「集団的達成感」については後に述べます。

五歳児の自己肯定感を土台に児童期の学びへ

三歳児の章でも述べましたが、子どもは発達につれて、できないことが平気でなくなってきます。自分と他者を比べて「できない」「下手だから…」などと感じ、それが「やりたくない」「やらない」という消極的とも見える行動につながりやすくなります。これは、幼児期前半から後半にかけてしばしば見られる姿ですので、特別に問題視することではありません。行動自体を心配しすぎるよりも、このことで活動への前向きな気持ちがしぼんだり、活動の機会が減ったり、自己評価が低下したりすることがないように気をつけることが大切です。

五歳児は、幼児期から児童期につながる重要な年齢です。幼児期の楽しい活動や友だちとの豊かな関係で獲得した力を土台に、新しい学びの世界に飛躍する時期です。児童期の課題の一つに「勤勉性の獲得」があります。このことは、決して特別なことやむずかしいことではなく、「がんばればできる」「やればできる」という前向きな構えを形成することです。いいかえれば、新しく出あう学習で、自分なりに考えたり、わからないことやできないことがあっても、あきらめずに取りくんだりすることが大切だということなのです。

　こうした「勤勉性の獲得」の土台になるのが、「自分は自分であっていい」「ありのままの自分を認めてくれる人がいる」という自己肯定感です。豊かなあそびの世界を次の新しい学びへとつないでいくために、五歳児において、一人ひとりに自己肯定感を形成することが大切なのです。

第三節

認識・イメージ・ことば

四歳児は「わかる力」が大きく育つ時期であり、身のまわりのいろいろなことに興味をもち、「知りたい」気持ちが高まる時期であることは述べました。五歳児では、時間の流れで考えられるようになったり、多面的に事象をとらえることができるようになるなど、さらに認識が発達します。こうした発達は、書きことばの基礎になったり、他者にあわせた接し方にもつながる重要なものです。五歳児の認識の発達を「時間の認識」「多面的な見方」を中心に考えていきます。

時間の認識が育つ——時間の流れを連続してとらえられる

「子どもは今を生きる存在である」といわれます。楽しいことがあると、さっきまでのいやなことも忘れて楽しいことに没頭できるすばらしさをもっています。それは五歳児になっても変わらないのですが、同時に子どもたちは、すでに終わったことやまだ始まっていないことも含めて、時間の流れを理解することができるようになります。会話のなかにも「昨日」「今日」「明日」や「去年」「今年」「来年」などのことばが多く登場するようにもなります。もちろん、「明日」ということのなかに数日後のことが混じっていたり、「去年」というなかに数年前のことが入っていたりということはあるものの、「今日」や「今年」を基準にして、前と後ろを認識することができるようになります。

しかも、「昨日」「今日」「明日」、「去年」「今年」「来年」をバラバラの点と見るのではなく、連続した時間の流れとしてとらえることができるようになるということが重要です。「今日の次が明日、明日の次が明後日」「今日の前が昨日、昨日の前が一昨日」など、一連のつながったものとして認識できるようになるのです。まさに、「もういくつ寝ると○○」ということがはっきり意識され、少し先のことを期待して待つことができるようになったり、「去年は～したから今年は」とつなげて考えられるようになるのです。

自分の変化を過程のなかでとらえる——「～だったから次はこうしよう」

時間の認識が育ってくるにつれて、自分の変化を時間軸で認識できるようになってきます。これまでなら、「○○ができた」「～になった」という理解や認識だったものが、「前は食べられなかったけど、今は食べられるようになった」「昨日はここまでだったけど、今日はここまで泳げた」など、変化としてとらえられるようになるのです。

このことは、五歳児の「大きくなった」という実感につながってきます。「今の自分」だけでなく、「前の自分」からの変化がわかり、成長が実感できるので、その自信も大きくなるのです。

こうした認識は、「できた」ときだけでなく、「できなかった」ときにも重要です。これまでなら「できなかった」で終わりなのですが、過程のなかでとらえられるようになってくることで、「ここまではできたけど、途中で失敗した」「ここまでがんばったけど、最後ができなかった」などという見方ができるようになってきます。このことで、結果だけですねたりあきらめたりするのではなく、「次はここからがんばろう」「次はこんなことに気をつけてやってみよう」と、活動に前向きに向かいあえるようになります。「過程のなかでとらえる」という認識の力が、うまくいかなかったときに気持ちの立てなおしを支えることができるようになるのです。

五歳児は、他者をとらえる見方も鋭く深くなり、競う気持ちも強まるため、ときとして友だちと比較して「自分はできない」と自信をなくしてしまうこともあります。そんなときでも、「〇〇組さんのときにはできないとすぐ泣いてたけど、今は違う」「うまくいかないとすぐやめていたけど、今回は最後までがんばった」などと考えることができるので、自信を取りもどし、もう一度がんばることもできるのです。

五歳児になると、少しむずかしい課題に向けて、個人でも集団でも、継続的に、あきらめずにがんばれるようになりますが、この姿は、変化を過程のなかでとらえる力に支えられて発現してくるのです。

「いろいろな面がある」ことがわかる――子ども同士が認めあう関係へ

認識の発達のもう一つの姿が、「モノにも人にもいろいろな面がある」ということを知る「多面的理解」です。五歳児は「みんなでめざす価値のある活動」に取りくむことで、集団的達成感を感じることを先に述べました。こうした活動のなかで、子どもたちの認識は広がっていきます。モノについていえば、それまでは表面や正面からだけ見ていたのに、上からのぞきこんだり、横からながめたり、しくみや背景を知ろうとするなど、違う角度から見ようとします。この時期になると、正面を向いている顔だけでなく、横向きの顔も描くようになるといわれていますが、そのことも、違う角度・視点から見ることができるようになったことの表れだといえます。

いろいろな角度から対象をとらえることができるようになると、これまでよく知っていたことでも違う見え方をするし、新たな発見があります。自分が見つけたことを友だちと伝えあうことで、よく見る、探究することがいっそう楽しくなります。こうした「関心をもつ」「自分なりに調べようとする」姿勢は、就学につながる重要な力ですが、それが、友だちとの楽しい経験のなかで育っていくのです。

人に関していえば、いっしょに生活するなかで、また集団的活動に取りくむ過程で、友だちのさまざまな姿にふれ、多面的な見方を獲得していきます。それまでなら、トラブルがあると「○○ちゃんとはもうあそばない！」「△△ちゃんはズルするからきらい！」など、友だちの一面を見て決めつけてしまうところがありましたが、少しずつ多面的に見ることができるようになるにつれて、「勝手なことをするときもあるけど、やさしいところもあるよ」「この前、～してくれたよ」など、いろいろな面に目を向けて他者を理解することができるようになってきます。得意なことも苦手なことも含めた他者の多様な面を認め、また自分のいろいろな面を認めてもらうことで、子ども同士の関係が「認めあう関係」へと深まっていきます。

他者に認められる経験をとおして、こうした見方が自分自身にも向くようになると、他者との比較ではなく、自分自身を認めることができるようになります。「走るのが遅いからダメ」ではなく、「走るのは苦手だけど、絵を描くのは得意だよ」と、とらえることができるようになります。苦手なことがあってもいい、上手にできなくても大丈夫と感じることで、自己肯定感も育まれていくのです。

立ちどまって考える機会の大切さ――予定をこなすだけでは多面的な見方は育たない

ここまで述べてきたように、五歳児は認識の力を支えに、気持ちを立てなおしたり、自分や他者のいいところを認めたりできるようになります。しかし、このことは五歳児になったからといって、急に、自動的にできるようになるわけではありません。そこには「立ちどまって考える機会」が不可欠なのです。

ともすれば五歳児の保育は、年長さんとして、また就学前の時期として、次から次へとしなければならないことがあり、子どもも保育者も、毎日の予定や行事に追われがちです。毎日の予定や行事に追われていても、そのときどきに子どもも保育者も、一定のやりきった達成感や満足感は感じています。しかし、次から次へと予定をこなしていくだけでは、時間軸でとらえる見方、違いを含めて多面的にとらえる見方は育ちません。

五歳児には、いったん立ちどまって、集中して考える機会、時間の保障が必要です。すぐに「こうしたら」「～はダメでしょ」と助言したり、叱ったりするのではなく、「この前どうだった？」「○○ちゃん、どうしてそんなことをしたと思う？」「他のやり方、誰か思いついた人いる？」などの投げかけで、これまでのことを想起したり、友だちの気持ちを考えたり、違う角度から考えたりすることをうながします。

前の経験を思いだしたり、友だちの気持ちがわかったりすると、「じゃ、次はこうしたらいいんじゃない？」と解決方法を考えたり、「手伝ってあげようか」「こうやったらできるよ」というかかわりや手助けも生まれてきて、ともに活動に取りくむことができるようになります。

こうした機会を積み重ねて、子どもたちは集中して考え、認識を深め、広げていくとともに、関係も深めていくのです。

第四節
他者との関係

五歳児において「集団のなかでの自分」として行動できる子どもに育てることが大切であること、それには、集団的活動を経験することが必要であることは述べました。とはいっても、どんな集団的活動でもいいというわけではありません。ただ、「集団からはみ出さない」「きちんと行動する」という目に見える姿だけを追求するのも望ましくありません。そこで問われるのが集団的活動の質であり、中身です。

「少しむずかしい」活動をやりとげる

五歳児は、「価値を求める年齢」と考えられ、「もっと上手になりたい」「もっと本物らしくつくりたい」などの意欲と向上心が強くなる年齢です。その思いが、リレーなどで失敗したチームのメンバーをきついことばで非難するような行動となって出たり、「もう少し」「あとここだけは」と完成度にこだわって、なかなか終わろうとしなかったりという姿に現れることもあります。

こうした時期だからこそ五歳児に大切なのは、一人ひとりにとって手ごたえがあるとともに、「みんなでめざす価値のある」活動です。ここでいうみんなでめざす価値のある活動とは、四歳児まではできなかった「少しがんばらないとできない活動」や「協力しないとできない活動」などです。考えたりくふうしたりする必要のない活動では五歳児の活動要求は満たされません。五歳児の運動会では、みんなで竹馬をしたり、少しむずかしい民舞に挑戦したりするかと思います。こうした継続的な努力が必要だったり、相談したり協力しないとできない「少しむずかしい」活動は、子どもたち一人ひとりを強く、たくましく育ててくれるとともに、子どもたちの関係を深め、集団として発達させてくれます。

五歳児は、四歳児まではできなかった活動にみんなで取りくみ、それをやりとげることで「大きくなったこと」への喜びを感じ、年長児としての誇りを獲得します。保育においては、「みんなで」「いっしょに」ということを常に大切にしますが、特に五歳児で重要なのは、取りくむ活動の中身であり、そこでの活動性と集団性なのです。

「集団的達成感」とは
――保育・育ちの積み重ねのうえではじめて体験する

「達成感」をもつ・感じることは、五歳児にかぎらずすべての子どもに大切です。取りくむ前に不安になったり、自信のない子どもが増えているなかで、保育者はどの子どもにも、できるまでやりとげて達成感を感じ、それを自信にしてほしいと願っていることと思います。にもかかわらず、五歳児において、達成感、なかでも「集団的達成感」を取りあげるのは、それが他の年齢とは違う、五歳児にふさわしい課題だと考えるからです。

では、「集団的達成感」とはどういうものをいうのでしょうか？　「達成感」とはどのように違うのでしょうか？

「集団的達成感」とは、「みんなで達成できたことをうれしく、また誇りに思う感情」といえると思います。たとえば、運動会に向けて「みんなで竹馬に乗れるようになろう」と決めて練習し、当日にみんなで乗れた姿を披露するとか、全員で発表会の前に「どんな劇にしたいか」を十分相談し、わからない子に教えたり、やりたくないという子を励ましたりして、全員でやりとげるといった場面を想定していただけるとイメージしやすいと思います。

子どもにとって何かができるようになったことは大きな喜びですし、それを大好きなおとな（保護者や保育者）がいっしょに喜んでくれたり、友だちに「すごいな」「かっこいい」と認められることで、その喜びはいっそう大きくなります。

しかし、集団的達成感は個人の達成感の単なる寄せ集めではありません。みんなで目標を共有し、みんなで心をあわせて長期的・継続的に取りくみ、うまくいかないときを乗り越えて、みんなでやりとげなければ感じられません。自分一人で達成するよりもずっとむずかしく、継続的な努力やくふう、相談や協力といったふさわしいかかわりや関係が必要なのです。

そのためには、一人ひとりの子どもに、三歳児までに「みんなであそぶと楽しい」というかかわりや集団に対する肯定的なイメージがつくられていなければなりませんし、四歳児で形成したいルールを守る力、自己コントロールの力も必要なので、六年間の保育の積み重ね・育ちの積み重ねの上にはじめて体験できるものなのです。だからこそ、他の年齢ではできない五歳児ならではの課題だと思いますし、それをやりとげさせることが五歳児保育において重視されなければならないのです。

対等ななかまに認められることの大切さ——どの子も友だちに認められる機会を

何かを達成できたことが、自信につながり、またやってみようという意欲やプラスの自己像につながるためには、子ども自身が達成感・実感をもつとともに、他者から認められることが必要です。この「認めてくれる他者」は、子どもが低年齢であればあるほどおとなの場合が多いのですが、三歳児以降では、徐々に友だち（対等ななかま）の占める割合が高くなります。五歳児ともなれば、他の年齢以上に、「友だちに認められる」ことが大きな自信になり、次の行動や前向きな姿勢につながり、そのことの積み重ねで、自己肯定感が形成されていきます。

だからこそ五歳児では、一人ひとりが「できた」という実感を十分経験するとともに、対等ななかまである友だちに認められる機会を保障することが不可欠です。年間の保育計画を作成する際に、それぞれの子どものよいところをふまえて、どの子どもも友だちに認められる機会がつくられているかという視点をもつこと、また、中間総括など途中での振りかえりの際に、実際に認められる機会をつくることができたか、自信をつけることができたかという点からも見直すことが大切でしょう。

五歳児における話しあいの大切さ
——互いを尊重しながら問題を解決する力を育てる

四歳児の集団づくりのなかで、「意見をいっても笑われたり、ばかにされたりしない」「誰の意見も平等に大切にされる」「みんなが納得して決める」「決めたことは協力して実行する」といった「民主的な合意形成」の大切さについてふれました。

五歳児において「民主的な合意形成」を大切にした話しあいをするためには、話しあいの意義を保育者が明確に意識することが大切です。ここでは五歳児の話しあいを取りあげますが、「どのように指導するか」だけではなく、「なんのために行うのか」「何を育てるのか」を含めて述べたいと思います。

話しあいをとおして育てたいことの一つめは、「問題を解決する力を育てる」ということです。ともに生活し、あそぶなかで、子ども同士が「衝突」することはよくあります。それは、低年齢でのものの取りあいなどから始まって、なかまに入れてくれない、当番をちゃんとしてくれない、ルールを守らないなどさまざまな形で現れます。保育者は衝突が起こるたびに、両方の話をていねいに聞きながら、互いの思いを伝えあう仲立ちをし、解決に導いていています。しかし、いつまでも「保育者に解決してもらう」だけでは、子ども自身に問題を解決する力は育ちません。子ども自身に問題を解決する力を育てることを見とおして働きかけなければなりません。

問題を解決する方法は、もちろん話しあいだけではありません。友だちのもっているおもちゃを強引に奪い取ったり、自分の意見がとおらなかったら怒って相手を叩いたりということも、自分の思いをとおす一つの方法ですが、その方法は、他者との関係を築くことにはつながりませんし、そのままでは問題を解決する正当な方法を獲得したとはいえません。自分の思いをとおすだけでなく、相手の思いも考えながら「どうしたらいいか」を考えていくことが、望ましい解決の力を育てるのです。

話しあって問題を解決することで、子どもたちは、自分たちで問題を解決できること、自分の思いを押しつけるのではなく、互いを尊重しながら問題を解決することができることを知り、その方法を獲得していくのです。

話しあいをとおして認めあう関係をつくる
――他者の思いへの気づきを大切に

話しあいの二つめの意義は、「話しあいをとおして相手を理解し、認めあう関係をつくる」ということです。話しあう過程で、相手の話をよく聞き、自分の気持ちを伝えようとすることが大切なのです。

ルールを破る、当番をさぼる、いやなことをいうなどの形で衝突が起こると、どうしても破った子ども、さぼった子ども、悪口をいった子どもの行動面に目がいき、やめさせることや謝らせることに力点が置かれがちです。そこで「～しなさい」「～はだめでしょ」

というだけでは、その場はやめることができても、次につながらず、結局繰りかえされていくことになります。このような場合、保育者は「どうして〜したの？」と気持ちを聞いたり、「こんなときにはどうしたらいいと思う？」と考えさせたりして、気持ちを受けとめながら気づきをつくり、行動の修正を図っていきます。

話しあいでも同じです。ルールを破ったり、友だちにいやなことをいった子どもの気持ちが大切にされないと、「○○ちゃんはきまりを守れない悪い子」「いやなことをいうから△△ちゃんはひどい」など、一方的に責めるような話しあいになってしまいます。その結果、関係を育てるはずの話しあいが、先入観や固定的な見方を形成したり、個人を孤立化させるものになってしまうのです。

不適切な行動は修正しなければならないし、悪かったと気づいて「ごめんなさい」といえることは大切なのですが、「〜した悪い子」「〜されてかわいそう」といった一面的な理解で話しあいが進んでいくのではなく、「〜したけど、本当は○○したかったんだ」「〜がいやだったから○○しちゃったんだ」と他者の思いへの気づきが大切にされてこそ、話しあいをとおして認めあう関係がつくられていくのです。

話しあいに対する肯定的なイメージをつくる——みんなで話しあって決めた達成感を積み重ねる

話しあいを指導するにあたって前提となるのが、話しあいに対しての肯定的なイメージをつくるということです。「みんなで話しあうと解決できる」「話しあうと楽しいことができる」といった実感や達成感が大切であるといってもいいでしょう。

子どもだけでなくおとなもそうですが、「話しあいが大好き」という人は決して多くはありません。「嫌い」「苦手」な人のほうが多いでしょう。話しあいは時間のかかることですし、互いの気づかいもありますし、ときには感情的になってしまい、気まずい思いをすることもあるからです。それでも話しあいを行うのは、それが大切なことだと知っているからです。子どもに対して指導する際にも、「話しあいは大切なことである」ということを十分に教える必要があります。その際、ただ「大切だよ」とことばで伝えるだけでは十分ではないので、経験をとおして大切さを実感させることが必要です。

話しあいに対しての肯定的なイメージをつくるためには、必ず結論を出すことが重要です。結論が出ない、つまり何も決められないということが続くと、子どもは、「話しあっても決められない」「話しあいはムダで嫌な時間」と学んでしまい、話しあいに対しての否定的なイメージが形成されてしまうのです。否定的なイメージはその後の感情や行動に影響し、「時間をかけて話してもムダ」「適当に決めればいい」という気持ちや態度につながってしまいかねないのです。

だからこそ、話しあいにおいては、思いをしっかり出しあったうえで、必ず結論（何をするか、次にどうしたらいいか）を出すようにします。「みんなで話しあって決めることができた」という達成の実感を積み重ねていくことで、話しあいに対しての肯定的なイメージは形成されていくのです。

方法や手順を一つひとつ教えながら――子どもの意見が軽視されないこと

最後に、どのような話しあいをするかについて述べます。ただ、「みんなで話しあって決めてね」というだけでは、どのように話しあったらいいかわからないので、一部の子どもの意見だけで決まってしまったり、意見が衝突したままで解決できなかったり、たいくつになって他のことに興味が移ってしまったりします。大切なことは、話しあって解決することの手順や意見の尊重のしかたを、しっかり教えながら話しあいをさせることです。

ケンカのなかで片方の子どもが自分の気持ちをいえていなかったら、保育者は「ちょっと待って。Aちゃんの気持ちも聞いてみよう」と助言します。それと同じように、話しあうときは、「Bちゃんはどうしてそんなことしたの？　Cちゃんはどう？　ってみんなの意見を聞くんだよ」と具体的な方法を教えます。そうすることで子どもは、話しあうということは相手の意見や思いをしっかり聞くことだと学びます。また、自分の意見を押しつけてしまう子どもがいたら「みんなに、これでいい？　って聞いてごらん」と声をかけます。そうすることで子どもたちは、決まるにはみんながいいよといわないとダメだ、ということを知っていくのです。

意見が対立したり、少数意見があるときには、意見の尊重のしかたを教えます。少数意見が大切にされないと、子どもには「多数の意見のほうが正しい」「どうせ聞いてもらえないからいいたくない」と一面的・否定的な考えが生まれてしまいます。少数意見でも、

「どうしてそう思ったの?」「何が嫌なの?」「どうしたい?」など、ていねいに聞いてもらえることで、その子どもは自分の意見が正当に取り扱ってもらえたことを知ります。

また他児は、少数意見を大切にしながらいっしょに考えることの重要さを学びます。子どもは、自分の意見が正当に取り扱われれば、納得して、全体のことを考えて譲ることもできます。大切なのは、自分の意見が軽視されず、ちゃんと聞いてもらえたという実感なのです。

五歳児の話しあいは、相手の思いをしっかり聞くこと、自分の思いを伝えること、どうしたらいいかをいっしょに考えることといった、ごくあたりまえのことがちゃんと大切にされてはじめて成立します。そうした手順を子どもとともに確実にふみながら、問題を解決する力を育てていくのが、五歳児の話しあいなのです。

第五節 あそび

五歳児が生活の主体として行動したり、話しあって問題を解決するなかで、個人としても集団としても育っていく姿を述べてきました。それと同時に、これまでとは違うあそびの経験をとおして、一段と発達していく時期でもあります。ここでは、五歳児らしいあそびの代表として、ルールのあるあそびを取りあげて、その意義、むずかしさ、おとなに求められるかかわり方について述べたいと思います。

ルールのあるあそび――競う気持ちを子ども同士の成長につなげる

五歳児が「価値を求める年齢」であることは前にも述べました。それは、他の年齢より「～でありたい」という思いが強いし、先のことを考える力が育ち、まわりからの期待を感じることができるからです。五歳児はこれまでよりも少しむずかしい課題に挑戦することが多くなりますが、その際にも、ただ「できればいい」というのではなく、よりよいものにしようとする姿が見られ、他の年齢以上に活動の質について貪欲になってきます。描画や制作なら「もっと上手に」「もっときれいに」とこだわってくふうするし、竹馬なら、乗れるようになったら次は高くしようとします。ごっこあそびの場合なら、より「〜らしく」演じようとしたり、やりとりしようとします。

それに加えて、他者と比べて自分について考えたり、違いに気づく力もついてくることから、他児と競う気持ちも強くなります。誰かができると「ぼくもできる！」と不安な気持ちを乗り越えて挑戦しようとしたり、誰かが何かを発見すると「私だって知ってる！」「私のほうが先に気づいてたもん！」と主張したり、負けると激しくくやしがったりします。また、「負けたくない」という気持ちが強くなりすぎると、勝負にこだわって気持ちの切りかえができなかったり、「〇〇くんなんか…」と相手を否定してしまうことも起こります。この姿は、「〜でありたい」「自分だってできる！」という思いからきているので、大切なことではあるのですが、トラブルや活動の中断につながりやすく、保育においては気になったり、困ったりすることも増えます。だからこそ、競う気持ちを互いの成長につなげていく指導が必要となります。

ルールのあるあそびのおもしろさ
――ドキドキしながら夢中に取りくむことが大事

ルールのあるあそびは「対立を楽しむあそび」といわれます。ここでいう「対立」とはけんかとか衝突という意味の対立ではなく、役割上の対立や対決ということです。オニになる子どもと逃げる子ども、赤組と白組、攻めるチームと守るチームなどで競いあって対決することが、ルールのあるあそびの本質です。

だからこそ、ルールのあるあそびのおもしろさはなんといっても「ドキドキ感」です。逃げきれるかつかまるか、勝つか負けるか、最後まで生き残るのは誰かなど、勝ち負けの伴うものが多く、その勝敗をめぐって子どもたちは夢中になって取りくみます。

ルールのあるあそびというと、おとなはどうしても「ルールを守ること」に目が向きがちですが、それを重視するあまり、対立を楽しむことやドキドキ感が後回しにされることはあってはなりません。相手チームに勝つことを目標に、力と知恵と作戦を駆使してみんなで夢中になって取りくむことが、何よりも最優先されなければならないのです。

育てたい「守ってあそぶおもしろさ」
――ルールに対してプラスのイメージを

「ルールを守ること」よりも、対立を楽しむことやドキドキ感を大切にしたいと先に述べました。もちろんルールの獲得を否定するわけではありません。楽しくあそんだ結果として、子どもたちにルールを守れる力が獲得されることはとてもすばらしいことです。しかしそれは、あくまで「楽しくあそんだ結果」でなければならないと考えます。

それではルールのあるあそびをとおして子どもに育てたいものはなんでしょうか？

それは、「ルールを守ってあそぶのは楽しい」という実感や肯定的経験だと考えます。

ルールを守ることはめんどうなことですし、自己コントロールの必要なものですし、子どもにとって努力の必要なことです。夢中になればなるほど、「勝ちたい」という気持ちが強くなればなるほど、ついルールを破ってしまったり、ズルをしてしまったりということも起こります。ルールを守っている子どもはそれに不満をもち、トラブルのもととなるため、どうしても子どもは、ルールというものに対するマイナスのイメージをもちやすいのです。

だからこそ、ルールに対して、マイナスのイメージではなくプラスのイメージを育てたいと考えます。ルールを守ったうえで勝とうと思えば、知恵も力も協力も必要になります。ルールを破ったり、ズルいことをして勝つよりも、正々堂々と知恵と力とチームワークを発揮して勝つほうがずっと気持ちがよく、誇らしいということを経験させたいと考えます。その経験が、ルールを守ることの大切さと、そのために努力することのすばらしさを子どもたちに育てるのです。

結果を受けいれる力——そこまでの過程を大切に

ルールのあるあそびをする際に、五歳児にとって大きな課題になるのは、「結果を受けいれる」ということです。ここまで述べてきたとおり、ルールのあるあそびは多くの場合、勝敗をともないます。勝ちたい気持ち、競う気持ちの強い五歳児にとって、負けるというのはとても大きなできごとです。勝ち負け自体を否定して認めなかったり、受けいれることができずにすねてしまったり、チームメイトを非難したり、勝つまで何度もやろうといいはったりということも起こります。「たかがあそびで…」「またがんばればいいじゃない」とおとなは思いますが、そうできないのが五歳児なのです。

保育においては、負けたチームが次には勝てるように、すぐにつかまってしまった子が次は十分に楽しめるようにと、その後の援助をします。そのこと自体はとても大切なことなので、「次こそはがんばろう！」と気持ちを切りかえてがんばれる力を育てるように指導していきます。それに加えて、結果を受けいれる力を育てることも大切な課題だと考えます。五歳児の子どもにとって、負けを認める、結果を受けいれるということは決して簡単なことではありませんが、だからこそ、他の年齢とは違う、五歳児にとっての大切な課題だと考えます。

その際大切なのは、負けたとしてもそこまでの努力や協力はムダではなかったということが確認でき、そのうえで勝った相手を認める気持ちを育てるということです。子どもは、負けることが自分を否定されることにつながりやすいので、負けることですべてがダメだったと思いがちです。

しかし、保育のなかで大切にしたいのは、結果だけではなくそこまでの取りくみや過程です。勝敗は厳然と存在しますが、そこにとどまらず、「どんな相談をしたのか」「どんな努力をしたのか」を認め、大切にしながら、同時に、「何が足りなかったのか」「相手のチームは自分たちよりどこが優れていたのか」を考えさせていくことが大切なのです。そうした話しあいをするなかで子どもは、「自分たちのよかったところ、足りなかったところ」「相手チームのよかったところ」を考え、はじめは受けとめられなかった結果も冷静にとらえ、認められるようになっていくのです。

ルールのあるあそびの指導にあたって——負けたくやしさを受けとめる

五歳児になったらルールのあるあそびに取りくみたいと思いつつ、「子どもが傷つくのがかわいそう」という思いから、ルールのあるあそび自体を避けがちになったり、「どっちもがんばったから」と勝敗を明白にしないということも起こりがちです。しかし、これはルールのあるあそびの本質から逸脱し、おもしろさを失わせてしまうことになります。

子どもにとって負けることはうれしいことではありませんし、ショックからさまざまな行動に出ることもあります。しかし、だからといってそれを避けさせていくだけでは、結果を受けとめる力、相手を認める力、次をめざして気持ちを切りかえてがんばる力は育ちません。

だからこそ、ここでおとなが大切な役割を果たします。負けたくやしさを受けとめて共感してくれるおとなが近くにいて、みんなで「よかったところ」がちゃんと確認でき、そのうえで「足りなかったところ」を考えることができたら、五歳児の子どもには結果を受けとめる力は育てられると思います。こうした経験が自分を認め、他者を認める力につながっていくのです。

第六節
就学に向けて

ここまで、年長児として、自信ととまどいのなかで育つ五歳児の姿について述べてきました。五歳児の最後に、就学への接続について考えます。

五歳児になると、保護者はどうしても就学のことが気になります。「小学校に行っても、ちゃんとやっていけるのか?」という不安は、新しい世界を目の前にして当然のことです。だからこそ、五歳児の保育は就学を視野に入れたものでなければなりません。しかし同時に、五歳児の一年間は就学のためにあるのではありません。幼児期の最後の一年にふさわしい過ごし方をすることで、新しい小学校という世界に自信をもって向かって行ける子どもに育てなければなりません。そのためには何が必要なのか、考えてみたいと思います。

集団の一員としての意識と喜び

まず大切にしたいのは、一人ひとりが集団の一員として行動できる力をつけるということです。

三歳児の時期に多くの子どもは自分のことが自分でできるようになってきます。それは、排せつの自立であったり、着がえであったり、道具の使用であったりします。

では、五歳児における課題とはなんでしょうか?

それは、「個人」として必要な行動ができるだけではなく、「集団の一員」として、場面や相手を考えて行動することができるようになるということです。

「基本的生活」の節で、一人ひとりが生活の主体に育っていくためには、①見とおしをもつ力、②段取りを考え、準備する力、③気持ちをコントロールする力、④他者と協力する力など、総合的な力が必要だと述べました。この力は、五歳児の最初からすべての子どもに備わっているわけではありませんが、いっしょに生活し、問題を解決したり、集団的な活動に取りくむなかで、一人ひとりに育っていきます。問題を一つ解決するたびに、心を一つにして集団的な活動をやりとげていくたびに、集団としても発展し、同時に子どもたちのなかに「自分もこの集団の一員である」という意識と喜びが育っていきます。この経験が、新しい小学校での集団において、新しい友だちとかかわったり、いっしょにあそんだり、考えたりするための基礎となっていくのです。

「学校で勉強するのが楽しみ!」な子どもを育てる

次にあげたいのは、学習に向かう基礎的な力を形成するということです。

ここで大切なのは、「○○ができる」ということではなく、新しい学びの世界にしっかりと向かいあうための「土台」と「構え」を形成するということです。「認識・イメージ・ことば」の節では、五歳児の認識の発達として、時間がわかる、変化がとらえられる、多面的にとらえられるという特徴をあげ、だからこそ、「立ちどまって考える」機会の保障が不可欠であることを述べました。子どもたちの疑問や関心にすぐに答えを与えるのではなく、子どもが自分で、あるいはみんなで考えたり、調べたり、試したりする時間と空間(環境)の保障が、五歳児の保育に重要なのです。

文字の読み書きができる、数字がわかるといった目に見えることに、おとなは気持ちが向きがちですが、本当に大切なのは、これから始まる長い長い学びの世界に、前向きに向きあい、あきらめずにやりとげていく姿勢です。こうした姿勢は、簡単には形成されません。しかし、時間をかけて大切な経験を積み重ねることで築くことができます。興味をもち、「どうしてかな?」と考えてみたり、「~だからかもしれない」と理由を探ってみたり、「こうしたらできるんじゃないか?」と予想して行動したりという経験が、その後の学びにつながるのです。

そのためには、子どもたちが関心をもって、集中して活動してみたくなる魅力的な対象・事象が選択・提供できているか、自分で考えたり、誰かといっしょに考えたり、気づいたことを発表する機会が十分に保障できているかという視点で保育を見直していくことも必要です。五歳児は「行事の花形」でもあるので、どうしても行事に追われやすいのですが、一つひとつの活動が子どもたちの学びに向かう基礎となるように、五歳児の特性を大切にした進め方が求められるのです。

もう一つ気をつけたいのが、学習「観」の形成です。幼児期に学びと不適切な出あい方をすると、「勉強はつまらない」「苦痛だ」「わからない」「覚えることばっかりだ」といったマイナスのイメージが形成され、学習観はゆがんだものになります。適切な出あい方をすれば、「わかるって楽しい」「考えたらできたよ」「調べてみたい！」といったプラスの学習観が形成され、その先の小学校での勉強が楽しみになります。

生活やあそびをとおして、考えることや調べてみることに前向きに取りくみ、達成感を獲得しながら、「学校で勉強するのが楽しみ」になって修了・卒園していくような子どもを育てることが、就学前の教育・保育の役割なのです。

自分の思いや考えを自分のことばで伝えられる子どもに

三番目に、ことばの育ちにふれたいと思います。

五歳児は、話しことばがある程度完成し、書きことばの世界につながる移行期です。だからこそ、五歳児の時期に、話しことばを確立し、就学後の書きことばの世界へのスムーズな接続を考える必要があります。

ことばは、意思伝達・コミュニケーションの道具であると同時に、思考の道具でもあります。子どもは、ことばを使って思いを伝えるだけでなく、ことばを使って考えています。自分の思いや考えを自分のことばで伝えられるということは、自分なりの考えが生まれていることとしても重要なことです。

子どものことばを豊かに育てるには、考える経験、伝える経験が何より重要です。先に述べたように、子どもたちのまわりには不思議なことが数多くあり、それを探究するなかで、個性的な発見をたくさんします。また、いっしょに生活するなかでトラブルはつきものですが、それを話しあって解決することで、解決能力も身につき、他者への理解も深まっていきます。こうした発見を伝えあったり、いっしょに考えあったりする経験をとおして、伝達と思考の道具であることばは育っていきます。

それとともに、相手の話をよく聞いて理解するということも大切にされなければなりません。「上手に話せる」ことだけを目標としてしまうと、やりとりをする力は育ちません。自分で考えて、それを伝えようとすることを大切にするのと同じく、相手の話を聞いてそこからさらに考えるということにていねいに取りくむことで、「話を聞ける」子どもに育っていきます。それは、「静かに話が聞ける」という規律的な意味だけではなく、相手のいおうとすることを、ことばをとおして理解しようとする子どもを育てるということです。こうしたことの積み重ねが、小学校に行って、先生やみんなの話を聞いていっしょに学ぶことへとつながっていくのです。

保育者の役割
——五歳児の担任に求められるもの

最後に、五歳児の担任に求められるかかわり方・基本姿勢について述べます。

五歳児の担任は、「あれもしなければ、これもしなければ」と予定に追われたり、「五歳児なんだから」と高い要求をしてしまいがちです。それは、五歳児を信頼し、期待することからきているのですが、五歳児の担任には、五歳児固有の「心の揺れ」に寄りそう姿勢が求められます。

年長になった子どもは「お兄さんやお姉さんでありたい・なりたい」気持ちが強く、競う気持ちも生まれ、他者と比べて自分について考えたり、気づく力もついています。だからこそ、「なりたい・ありたい自分」と「現実の自分」の間のギャップに自信がなくなったり、他者と比べて「劣っている」と感じてしまいがちです。そこで、こうした揺れを受けとめてくれる他者が必要です。「五歳児なのに」ではなく、「五歳児だからこそ」揺れる思いに寄りそい、お兄さんやお姉さんでありたい気持ちを励まし、支える他者でなければなりません。

こうした寄りそい・励まし・支えを受けて、自分から「がんばってみよう」と思えたとき、五歳児は大きな力を発揮し、それが自信となって就学後の新しい生活にも前向きに進んでいけます。むずかしいことではありますが、「就学を見とおすこと」と「五歳児として受けとめていくこと」を両立したかかわりが、五歳児の担任には求められるのです。

第四章

幼児期の保育におけるおとなのかかわり

乳児期の土台の上に、一人ひとりの個性が輝き、なかまとかかわりながらたくましくやさしく育っていく幼児期について、もう一度振りかえってみましょう。

「一人前意識」から始まる豊かな幼児期

三歳児は、「一人前意識の三歳児」と呼ばれる、大きくなったことがうれしく誇らしい時期です。そしてその意識は、一歳児、二歳児の「やってみたい」という思いがしっかりかなうことでつくられていきます。そして幼児期は、「〜しながら○○する」ことができる四歳児を経て、自信をつけ、期待をもって就学を迎える五歳児までと、乳児期とは違う変化にあふれています。三歳児から五歳児は、「一人前意識」とともに幕を開け、自信をもって幼児期を卒業していく時期なのです。

三歳児から五歳児までの三年間を考えると、特徴が明確で、実際に手がかかったり、問題が出てきやすいことから、どうしても三歳児や五歳児の保育に注目が向き、四歳児はなんとなく過ごされてしまうことも少なくありません。しかし、四歳児の章でも述べたように、「実は大きな転換点の四歳児」なのです。活動性が高まること、考える力が育つこと、ことばが発達することなど、どれ一つとっても五歳児、そして就学後の生活・発達にとって重要なことばかりです。三歳児、五歳児が重要でないというのではありませんが、「三歳児でも五歳児でもない」途中の時期の四歳児を転換点として位置づけながら三年間の育ちを考えることが、幼児期の保育において非常に大切だといえます。

共同的な活動が開く「目的に向けてともにがんばる」関係

「一人前意識」とともに幕を開け、自信をもって幼児期を卒業していく時期だからこそ、大きくなったという実感や自分の力でやりとげた達成感が不可欠です。そうでないと、せっかく育った「一人前意識」がしぼみ、自信のなさや「どうせ～だから」といったあきらめへとつながってしまうからです。

保育においては、乳児期の単なる延長としてではなく、幼児期にふさわしい保育内容が求められます。具体的にいえば、大きくなった喜びにふさわしい夢中になれる活動が必要だといえます。では、幼児期にふさわしい活動とはどのようなものをさすのでしょうか。

友だちへの興味が強くなり、「いっしょに～する」ことが楽しくなってくるときだからこそ、協力することが今までとは違う達成につながる活動が重要だと考えます。四歳児以降は特に、手指の巧緻性が高まり、イメージも広がってきます。つまり、イメージを共有しながら、一人ひとりが知恵と技術を使ってくふうすることが可能になるのです。五歳児になれば、「価値を求める年齢」として、ただできればいいのではなく、「もっといいものを」「もっとかっこよく」と、質を求めてがんばるようになります。

だからこそ、「共同的」といっても、全員が同じことに画一的に取りくむということではなく、イメージを共有し、同じ目的をめざして活動しながら、そこに一人ひとりのよさが発揮されるような活動が大切だということです。こうした活動にみんなでいっしょに取りくむことで、一人ではできなかったことができた喜びを知り、さらに「みんなでやってみたい」という意欲が生まれてくるのです。

幼児期の特性の一つとしてなかま関係が広がり、変化するということがあげられます。二、三人の仲よし関係を経て、一つの目的に向けて力をあわせる関係へと発展する重要な時期です。四歳児の章でも述べた「目的に向けてともにがんばる」という性格をもつ関係への発展です。

力をあわせてみんなで一つのものに取りくむなかで、他児のやり方に刺激を受けて発想を豊かにしたり、励まされて気持ちを切りかえてもう一度がんばれたり、友だちの真剣でいっしょうけんめいな姿勢に「〇〇くんすごいな」と敬意を感じることもあります。

こうした共同的な活動をとおして、幼児には他者認識が育ち、力をあわせて取りくむなかまへと育っていくのです。

「考える力」が生活やあそびを豊かにする

共同的な発達に取りくむにあたって大切なことの一つに、自分で、あるいはみんなで考えて計画し、実行することがあげられます。その際に大切にしたいのは、最速で正しい考えや方法にたどり着くことだけをよいことだと考えずに、時間がかかっても、間違いや不十分さを含んでいたとしても、「自分たちで考えた」という事実に喜びをもたせるということです。

まだまだ自分の視点からしか考えられない面はあるものの、三歳児から五歳児は、知的な発達が著しい時期でもあります。特に四歳児からは、自分のまわりの事象に対して、今まで以上に関心を寄せるようになります。そうした関心に基づき、小さな変化や違いに気づくことも多くなってきます。さらに、ことばが思考の手段として機能し始めると、子どもは自分自身と「内的な対話」をしながら、いろいろなことを考えることができるようになります。そうした時期の特性をいかして、「その年齢なりに考える」「自分なりに考える」ことを大切にしながら、活動に取りくむことが重要なのです。

こうした「内的な対話」の力は、自分を励ましたり、気持ちを立てなおすことにもつながっていきます。「むずかしいけど、みんなといっしょにがんばって考えてみよう」と思うことができることで、みんなで課題にしっかりと向きあっていくことができ、その結果が、やりとげた達成感となるのです。

子どもといっしょに考え、解決する姿勢

乳児期の保育においては、ことばにならない思いを読みとり、受けとめ、適切な援助や助言によって、「自分でできた！」という実感や自信を育てることが大切です。そうした自信を土台に、幼児期では、「自分ですること」「自分たちですること」の喜びをいっそう感じられるような指導や援助が求められます。

幼児期を担当する保育者に求められる基本姿勢として重要なことは、子どもたちといっしょに考え、解決しようとする姿勢です。未熟であっても、視野が狭くても、子どもには子どもの考えがあります。特に三歳児以上では、「もう大きいんだ」「お兄ちゃんお姉ちゃんなんだ」という一人前意識をもって生活しているので、この気持ちを大切にした保育が求められます。だからといって、「もう三歳児だから、自分たちでしなさい」と突き放したり、ただ見守るだけでは、子どもたちに「自分ですること」「自分たちですること」の喜びを育てることはできません。子どもたちを考えたり、決定したりすることのできる主体として尊重しながら、必要な援助を行うことが重要です。

日々の保育においては、生活やあそびのなかで困ったことや決めなければならないことが起こったら、子どもたちに投げかけていっしょに考えていくことが必要です。おとなが

決めて指示をすれば簡単なことですが、時間はかかっても「自分たちのことを自分たちで考えて決める」ということを経験させていきます。すぐにクラス全体で話すのはむずかしいので、小集団も活用しながら、いっしょに考えて決めていく過程を大切にして保育を行います。

その際、子どもの思いを尊重しながらも、子どもの気づかないことに目を向けさせていく援助が必要です。子どもが考えることは、おとなの目から見たら実現がむずかしいことや危険をともなうこと、みんなが楽しむにはもっとくふうが必要なこともあるでしょう。そんなときにも「それではできないよ」とか、「〜ではダメ」と保育者が決めるのではなく、「こんな場合どうする?」「この準備はどのグループがする?」などと問いかけながら、具体的な手順やルール・約束にも目が向くようにすることが必要なのです。

こうした問いを受けて子どもは、具体的なことにも目が向き、実効性のある話しあいができるように育っていくのです。

「憧れ──憧れられる関係」を育てる三歳〜五歳児の担任間の連携

複数担任の連携が不可欠な乳児クラスとは違い、幼児クラスでは一人で担任することがほとんどで、連携が意識される場面は乳児よりも少なくなります。あるいは、配慮の必要な子どもに対する加配の保育者といっしょに保育を行っているクラスも多いでしょう。乳児クラスと比べて、連携が意識されにくいからこそ、保育者同士の連携に対する意識づけが重要だと考えます。とはいっても、毎日の生活のなかで、直接的に協力しながら保育をすることはあまりないかもしれません。だからこそ、複数担任の乳児保育とは違う連携のあり方が重要なのです。

幼児期の保育における保育者同士のかかわりとしては、大切なことが二点あります。

一点目は、三歳児、四歳児、五歳児の担任間の連携です。五歳児の担任を中心に、子どもたちの姿や保育を交流しあい、三つの学年でいっしょに育ちあえるような保育を展開することです。年齢別の保育を行っている園では、毎日いっしょに保育をするということはないかもしれませんが、自由なあそびのなかや計画的な異年齢のかかわりのなかで、担任同士が相談しあいながら保育を進めていくことが大切なのです。

このことには二つの意味があります。一つは子どもにとっての意義です。三歳児、四歳児の子どもは、五歳児への憧れをもって生活し、その憧れのなかで発達していきます。五歳児も、三歳児、四歳児を中心に園の子どもたちから憧れられながら育っていきます。異年齢の子どもの姿が日常的に感じられ、憧れたり憧れられたりできるような保育を、連携しながらつくり出していくことが求められているのです。

もう一つは保育者にとっての意義です。一人担任で保育を進めることが多い幼児期の保育では、子どもたちとの生活のなかで大きなやりがいを感じるとともに、悩みを一人で抱えがちです。一人では解決の糸口が見出しにくい状況でも、三歳〜五歳児の担任間で話しあうことで、見とおしがもてて、問題にも前向きに向きあうことができます。

各クラスの担任は単数であっても、三つのクラスが「幼児期の保育」という広い視点で連携しあって、三年間にわたる子どもたちの保育にかかわっていくことが重要なのです。

園全体で就学までの見とおしをもつ

二点目に重要なことは、園全体で六年間をとおしての保育の見とおしをもつことです。就学を目前に控えた五歳児の担任は、「就学までには、ここまでできるように」と考えて保育をしますが、それは五歳児担任だけが考えることではありません。乳児保育を担当する保育者も含めて、全職員が六年間の見とおしをもって保育することが大切です。

各園の保育課程には、「保育目標」として六年間の保育の結果として育ってほしい就学前の子どもの姿が描かれています。この目標に向けて、各年齢でどのような保育を行い、それをどのように積み重ねていくかを園全体で考え、共有することが必要です。

年間の指導計画を作成する年度当初などに、保育課程に描かれた保育目標、子どもの育ちのすじ道、そのための保育の方針を確認しあい、それを頭において計画を立てます。そのことで、それぞれに行う各年齢別の保育は積み重ねになり、子どもたちに着実な発達を保守することができます。

保育者同士の直接的な協力関係だけが連携ではありません。同じ目標に向けて、方向性を共有しながら、それぞれの保育に責任をもって取りくむこと、これも大切な連携の形だといえましょう。

子どもの育ちの姿や見とおしを保護者と共有する

最後に、幼児期の保育における保護者との関係づくりについて述べたいと思います。

各年齢の担当保育者にそれぞれの喜びや悩みがあるのと同じように、保護者にも、乳児期には乳児期の、幼児期には幼児期の子育ての喜びや悩みがあります。乳児期には、身体や健康のこと、食事や睡眠のことなど生活面が中心だった悩みも、幼児期になると、知的発達を含む諸側面の発達のこと、友だち関係のこと、就学のことなどに変化してきます。

保護者のなかには、不安から、保育者に対して、批判的なことや強い要望を言う人もいることでしょう。こうしたことは、ともすれば保護者との関係を悪化させることにもつながりかねませんが、関係の悪化ではなく、保護者との関係をつくる重要なきっかけとすることが大切です。

具体的にいえば、一方的で自分勝手に思える批判や要望のなかにこそ、子どもの育ちを思う気持ちが含まれていると考え、表面的なことばにまどわされずに、育ちへの思いを共有していくことです。なかでも、就学に向けては、文字や数字といった「目に見えること」に保護者の関心が向きがちですが、そのときにこそ、就学に向けて必要な力は何か、それを育てるためには、どんな生活、あそび、関係が重要なのかについての考えやイメージを保育者自身が明確にもち、保護者に話し、共有していくことが必要です。

日々の保育で大切にしていることが、就学後にとっても大切なことだと保護者が実感できれば、不必要なあせりや不安で子どもを追いたてることなく、ゆったりと見守り、いっしょに期待をもって就学を迎えてもらうことができます。

「学校に行って困らない」ではなく、「困ったことがあったら、先生に教えてもらったり、友だちと協力して解決できる力をつける」ことを保護者と共有していくことが、保護者との信頼関係づくりにつながるのだと思います。

おわりに

『ちいさいなかま』連載中からお読みいただいた方を含め、ここまで読んでいただきありがとうございました。幼児期の発達と保育のすばらしさや魅力をすべて伝えきれたとは思いませんが、少しでも明日からの保育にいかしていただければうれしいと思います。

乳児期の連載時から、「いつになったら三歳児に入るのですか？」とお問いあわせをいただきました。幼児期の連載では、あそびや子ども同士の関係に力点を置いて書いてきました。どの回にもそれぞれ思いを込めて書きましたが、なかでも悩みながら書いた回には、「何回も読みなおした」「むずかしかったけど、いろいろ考える機会になった」などのお声もいただきました。私自身も、二年間の連載をとおして、改めて乳児期とは違う幼児期の発達の姿、保育の楽しさとむずかしさを見直す機会になったと感じています。

幼児期の保育・保育者に求められるのは、「子ども・子どもたちの考えを尊重する」姿勢です。それは、なんでも子どものいうとおりにすることではありません。子どものいうとおりにするほうが子どもを尊重し、自主性を伸ばすように考えられがちですが、それでは、その時期に経験させたいことを十分に経験させることができず、結果として、その時期に獲得させたい力を獲得させることができないことになってしまうからです。

子どものいうとおりにすることではなく、子どもの考えを尊重するというのは、いったんは否定せずに子どもたちの思いや考えを聞き、そこにある願い、やってみたいと思っていることを受けとめながら、どうしたらいいかを考えたり、本当に今必要なことはそれでいいのかに立ちかえって考えなおさせたりすることだと思います。おとなから考えてむずかしいと思うことでも、ただ「無理」「できない」というのと、どうしてできないか、その代わりに何が可能か、についておとなからしっかり伝えてもらうのとでは、子どもにとってはまったく意味が違うのです。

子どもの思いは、自分の思いがとおったから納得する、とおらないと納得しないというような形式的で単純なものではないと思います。思いがとおった・とおらないにかかわらず、おとなが自分たちの考えに真摯《しんし》に耳を傾けてくれたかどうか、思いをくんでいっしょに考えてくれたかどうかが、納得や気持ちの切りかえにとって不可欠なのです。真摯に耳を傾けてくれ、いっしょに考えてくれるおとなの姿勢から、子どもは「自分は大切にされている」「信頼されている」と感じ、さらにがんばることができるのです。

●
●
●

子ども・子育て支援新制度が二〇一五年四月に施行されました。とまどいや不安ばかりが大きい状況ですが、それでも子どもたちの最善の利益が損なわれることだけはあってはなりません。新制度が施行された今だからこそ、子どもの発達、それを保障するための保育のあり方、基盤となるおとな同士の関係づくりなど、基本に立ちかえってこれまでの蓄積を継承していかなければならないと思います。

本書が、保育の基本に立ちかえり、おとな同士が思いを共有して子どもたちのために行動するための一助となれば幸いです。

第一章扉

岩手県盛岡市
本宮保育園三歳児クラス
年長さんといっしょに芋ほりを体験
大きな大きなお芋に感動して描きました

第二章扉

広島県広島市
口田なかよし保育園四歳児クラス
励ましあい、助けあって、クラス全員が登れるようになった
みんなのうれしい記念日です

第三章扉

大阪府堺市
おおぞら保育園五歳児クラス
鉄棒でのぶら下がりが大好きな子どもたち
朝も昼も夕方も、得意な鉄棒に魅せられています

第四章扉

群馬県館林市
ももの木保育園五歳児クラス
保育園を巣立つ日に—
うれしかったときも、くやしかったときも、楽しかったときも
いつもなかまといっしょでした

幼児期の発達と生活・あそび

2015年5月25日　初版第1刷発行
2021年4月25日　　　第6刷発行

著者――――長瀬美子

発行――――ちいさいなかま社
〒162-0837 東京都新宿区納戸町26-3
TEL 03-6265-3172(代)
FAX 03-6265-3230
URL http://www.hoiku-zenhoren.org/

発売――――ひとなる書房
〒113-0033 東京都文京区本郷2-17-13広和レジデンス101
TEL 03-3811-1372
FAX 03-3811-1383
Email:hitonaru@alles.or.jp

印刷所――――東銀座印刷出版株式会社

ISBN978-4-89464-219-5　C3037

写真協力――――岩手・本宮保育園
広島・口田なかよし保育園
大阪・おおぞら保育園
群馬・ももの木保育園

ブックデザイン――阿部美智（オフィスあみ）